KB201655

손으로 읽는
당신이 옳다

일러두기

- 이 책은 『당신이 옳다』에 수록된 글을 발췌해 필사에 적합하도록 편집하였습니다.
- 각각의 글들을 손으로 읽어갈 독자들을 더 깊이 공감하고 지지하기 위해
  정혜신 작가가 새롭게 집필한 내용은 발췌문과 색을 구분하고, '공감 편지' 등에 담았습니다.
- 각 문구가 발췌된 페이지는 2023년 11월 10일에 발행된 『당신이 옳다』 50쇄를 기준으로 하였습니다.

손으로 읽는
당신이 옳다

공감과 경계로 짓는 필사의 시간

지은이 정혜신
영감자 이명수

해냄

Oliviers a collioure, 1905

공감을 받으면 마음에 봄이 온다.
강물이 꽁꽁 얼었을 때 얼음을 깨겠다고
망치와 못을 들고 나서면 어리석다.
얼어붙은 사람 마음을 녹이겠다고
설득이나 충고, 계몽을 하는 일도 그와 같다.
힘만 들지 온 강의 얼음을 다 깰 수는 없다.
봄이 오면 강물은 저절로 풀린다.
공감은 봄을 불러오는 일이다.

_177쪽

'나'를 만나는 희열을 선물할 수 있다면

"저 한번 안아주실래요?"

   카페나 식당, 거리 혹은 기차 안에서 간혹 그이를 만난다. 그이는 눈물 흘리는 자신을 당황스러워하면서도 내게 말한다. 오랫동안 숨이 안 쉬어졌는데 그 책을 읽고 살 수 있었다고. 그이는 『당신이 옳다』를 읽은 이들이다.

   그이가 나를 알아보고 눈물이 핑 도는 순간을 나는 본능적으로 알게 됐다. 그때부터 나는 멀찍이서 그이를 알아차리고 준비한다. 힘껏 안아줘야지. 한 번도 그냥 한 번이 아닌 꼭 밀착하는 진한 한 번이어야지. 한 번 아니라 열 번도 안아야지. 아직 유명세가 덜한 연예인이 자기를 모르는 사람에게 사인해 주겠다고 먼저 나서다가 민망해지는

〈개그콘서트〉의 한 장면이 될 수도 있지만 그조차 개의치 않는다.

나를 보고 눈물이 난 그이는 내가 아니라 자신을 만난 사람이다. 『당신이 옳다』를 읽으며 떠올랐던 자신의 어느 한 시절, 그때 자신의 상황, 그때의 자기 처지와 감정들이 나를 본 순간 다시 튀어 올라왔을 것이다. 그렇지 않고서야 나와 알던 사이도 아닌데 비밀 친구인 눈물을 그렇게 불쑥 내어 보일 수는 없었을 것이다.

나를 본 순간 그이는 어떤 시간을 통과하는 동안 자신이 얼마나 힘들었는지 얼마나 애썼는지 지금의 자신은 어떤 안간힘의 결과인지 말해주고 싶어 한다. 그래서 "저 한번 안아주실래요?"라는 고백 같은 인사를 들었을 때 나는 적극적으로 반응한다. 단골집에서 나를 알아보는 것조차 심하게 불편해하는 평소의 나와는 다른 태도임이 분명하다. '내가 뭐라고 안아달라고 하나' 류의 성찰이나 겸손도 미뤄놓는다. 그이의 말과 행동을 있는 그대로 받아들인다. 눈물이 흐르는 자신에 대해 "어 내가 왜 이러지. 죄송해요" 할 때도 "죄송은요 무슨. 잘하셨어요!"라며 깊이 끌어안는다. 꽃다발 같은 나의 화답은 저만치서 다가오는 그이의 표정을 볼 때부터 준비한 내 치유자 자아의 결심이다.

치유자의 역할을 목발 같은 부축의 도구로 정의하기도 한다. 반만 맞다. 마음에 상처나 충격을 받으면 나를 지탱하던 심리적 기능들이 훼손된다. 있던 자존감, 자신감도 위축되거나 사라지고, 없던 불안, 두려움이 생긴다. 심리적 면역기능도 축이 난다. 이런 상태가 지속되면 자신은 원래부터 그렇게 생긴 인간이라고 애초에 그렇게 태어난 존재라고 스스로 단정 짓기도 한다. 그렇게 균형을 잃고 한쪽으로 기울어질 때 목발의 부축은 도움이 된다. 버티고 기댈 곳이 되어준다. 그런 일시적 기능과 별개로 목발의 본질적 기능이 있다. 이게 '목발'이라는 치유자 역할의 또다른 절반이다.

치유자는 목발이 되어주는 사람이 아니라 온전한 자신의 모습을 볼 수 있을 때까지 목발을 내어주며 그이를 거울 앞에 끊임없이 세우는 사람이다. 영광이든 상처든 그 심연과 단면을 가감 없이 안전하게 비추는 '거울 사람'이 치유자다. 스스로 전신 거울이 되어 말하는 이가 자신의 모습을 구석구석 볼 수 있는 용기와 저력을 공감을 통해 만들어내는 사람이 치유자다. 그렇게 떠올린 자기를 부둥켜안은 채 울고 보듬으며 말끔히 씻기는 일을 함께하는 것이 치유자의 역할이다. 자기를 온전히 확인한 후 마침내 연민을 가득 품고 자기를 받아들이게 되면 그는 목발을 내려놓는다. 떠난다. 그땐 뜨거운 포옹으로 그이와 이별한다. 그때까지 함께하는 사람이 치유자다.

치유는 더 높은 기준을 향해 자기를 치열하게 벼리며 성장 발전하는 것을 목표로 삼지 않는다. 더 발전한 자기가 되는 게 목표가 아니다. 더욱더 내가 되는 것, 잃어버린 나를 더욱더 온전히 되찾아가는 여정이다. 본래의 내가 되는 영토 확장이다. 남과 경쟁해서 땅을 빼앗아오는 게임이 아니라 나도 미처 모르고 있던 내 땅을 되찾아오는 게임이다. 되찾은 내 영토는 빼앗아온 남의 땅보다 언제나 더 넓고 비옥하다. 해보면 안다.

더 발전한 자기나 성공적인 삶을 반복적으로 확인하며 살아도 본래의 자기를 제대로 확인하지 못하면 지진판 위에 지은 집처럼 삶이 위태롭다. 사소한 외적 충격이나 심지어 별다른 충격이 없을 때도 쉽게 위험에 빠진다. 본래의 자기를 반복적으로 확인하며 산다면 발전했든 못했든 성장했든 못했든 상관이 없다. 어떤 상황에서도 안정적인 힘으로 튼실하다.

"저 한번 안아주실래요?"

그래서 이런 말을 들을 때 나는 멈칫거리지 않고 그이를 비추는 청동 거울이 되어 그 앞에 떡 버티고 선다. 나를 본 순간 자신의 삶에서 순정했던 시간이 떠오른 그이들 앞에서 생생한 거울이 되려고 한다. 그런 순간이 나는 버겁거나 거추장스럽지 않다. 짧디짧은 한순간의 조우로 자기를 만나는 희열을 선물할 수 있다면 얼마나 벅찬 삶인가. 그 거울을 나는 정말이지 사랑한다.

무너진 일상 이후
다시 『당신이 옳다』를 펼치다

2018년 10월 『당신이 옳다』 출간 후부터 독서 모임을 이어가는 독자들이 많다. 놀랍게도 7년이 지난 지금까지도 그렇다. 직접 참석해보기도 했고 모임 후기를 전해 듣기도 했다. 가장 많이 들은 얘기는 독서 모임이 예상보다 길어진다는 것이다. 진도가 생각보다 빨리 나아가지 않아서다. 한 꼭지를 읽고 만나서 토론하다 보면 책 얘기보다 책을 읽다 떠오른 자신들의 이야기로 시간이 모자란다고 했다. 『당신이 옳다』 독서 모임은 뜨겁게 '나'를 만나는 시간이고 내게 깊이 집중하는 또다른 '나들'의 눈빛을 확인하는 시간이다. 그러므로 『당신이 옳다』독서 모임은 거울 사람들의 모임이기도 하다.

『당신이 옳다』를 읽으며 나를 있는 그대로 거울에 비추고 또 비추었는데도 살다 보면 내가 다시 희미해진다. 대체로 그렇다. 그런 때 어떤 이들은『당신이 옳다』에서 필요한 부분을 필사한다고 했다. 여러 경로를 통해서 필사한 노트 사진과 생생한 육성을 전해 들었다. 그 눈물겨운 광경을 떠올릴 때마다 나는 진심을 다해 마음의 에너지를 보냈다. 그럼에도 필사책 제안을 받을 때마다 거절했다. 필사책 유행 흐름에 맞추는 거 같아서 내키지 않았고, 무엇보다『당신이 옳다』원본이 있는데 뭘.

그러다가 2024년 12월 3일 계엄의 밤 이후, 우리의 일상이 '폭격 맞은 것처럼 무너진다'고 느낀 어느 날, 나도 모르게『당신이 옳다』를 펼쳤고, 프롤로그의 첫 문장을 천천히 따라 쓰기 시작했다. "어떤 단어가 사냥매처럼 마음속에 내리꽂히거나 저녁 강물처럼 흘러 들어올 때가 있다." 그 문장들을 적자마자 눈물이 주르륵 흘렀다.

『당신이 옳다』를 쓰면서 아니 쓰기 훨씬 전부터 보통의 시민 모두가 일상에서 옆 사람에게 '거울 사람'의 역할을 할 수 있으면 얼마나 좋을까 자주 상상했다. 그런 마음으로 마을 구석구석을 다니며 함께 공부하고 속마음을 나누며 숨결처럼 눈을 맞추던 그때의 강렬했던 경험들이 떠오르면서 그 감정들이 참나무 숯불처럼 맹렬하게 다시 피어올랐다. 우리 공동체의 일상을 융단 폭격해서 초토화한 계엄의 겨울 기운이 세상을 휩쓸 때, 나는『당신이 옳다』를 쓰고 또 쓰며 생생하게 나를 느꼈다. 그 시간은 내 삶의 항구에 나를 단단하게 붙들어 매줬다. 내게 필요한 마음이 이거였다고 말해주는 닻이었으며 나를 또박또박 문신처럼 아로새기는 거울이었다. 기괴하기까지 했던 그 미세먼지 자욱한 겨울을 지나며 『당신이 옳다』는 내게도 '거울 사람'이었다. 그래서 다른 이들에게도 거울 사람이 되어주었으면 하는 간절함으로 『당신이 옳다』 필사본을 핀셋으로 뽑듯 정리했다.

새로운 봄, 거의 모든 이들이 SNS나 개인 톡 등을 통해 '이제 비로소 봄이야'를 서로에게 외치고 타전했다. 마침내 봄을 맞은 우리 모두에게 너무나 수고하고 애쓴 우리 이웃들에게 『손으로 읽는 당신이 옳다』가 다시 '거울 사람'이 되어주길 바라고 있다. 응원가처럼 위로처럼 격려처럼 존경심 돋는 우정처럼. 언젠가 어느 거리에서 혹은 봄꽃 같기도 사막 같기도 한 삶의 현장에서 조우하면 반갑게 끌어안을 만반의 준비가 나는 끝났다. 당신들도 그런 시간이길.

읽는 독자도 쓰는 독자도 모두 옳다.

2025년 5월
정혜신

차례

네 번째 걸음

너도 있지만 나도 있다

첫 번째 걸음 　지금 옆에 한 사람만 있다면

한 사람

내 고통에 진심으로 눈을 포갠 채 듣고 또 듣는 사람,
내 존재에 집중해서 묻고 또 물어주는 사람,
대답을 채근하지 않고 먹먹하게 기다려주는 사람,
그런 사람이라면 누구라도 상관없다.
(누구라도 상관없다.
대답을 채근하지 않고 먹먹하게 기다려주는 사람이라면
누구라도 상관없다.)
그 사람이 누구인가는 중요하지 않다.
그렇게 해주는 사람이 중요한 사람이다.
그 '한 사람'이 있으면 사람은 산다.

_ 117쪽

손을 놓지 않고

바깥에서 친구에게 맞고 들어온 아이에게
엄마가 "누가 너한테 이랬어?"라며
아이 손을 꼭 붙들고 때린 아이를 찾을 때까지
손을 놓지 않고 가듯 공감도 그렇다.
방향과 길을 잃은 상대의 말이 과녁에 분명히 도달할 때까지
손을 꼭 잡고 상대의 손목을 절대 놓지 않아야 한다.
언제까지? 상대의 존재 자체를 만날 때까지.
그 말머리를 붙든 채 가야만
제대로 된 자기 이야기가 열리는 그 문 앞에 도착한다.
공감은 그렇게 시작된다.

_ 141쪽

"누가 너한테 이랬어?"

누군가 내 손목을 잡고 내 눈을 바라보며 이렇게 물어봐 주면 두 다리 뻗고
엉엉 울며 일러바치고 싶은 말이 한가득이다. 누구나 그럴 것이다. 그런 서러움
을 견디고 버텨내고 오늘도 살아냈을 '나'와 '나들'을 온 체중 실어서 와락 안는다.

내가 맨몸이었을 때

고급 정장에 계급장이나 보석을 주렁주렁 달고 있을 때
나를 주목하고 인정해 준 사람보다
내가 맨몸이었을 때
나를 있는 그대로 존중하고 극진히 보살펴 준 사람은
뼛속에 각인된다.
내 존재 자체에 반응한 사람이니
그 사람만이 내 삶에 의미 있는 사람이 된다.

그런 사람을 만나야만
존재의 근원적인 외로움에서 벗어나고
존재의 근원적 불안에서 자유로워진다.
그래야 살아갈 최소한의 안정 기반을 만들 수 있다.

_ 76쪽

이상화

누군가를 좋게만 보는 건
상대방을 슈퍼 울트라 갑으로 밀어올리는 동시에
자신은 한없이 미미하고 하찮은 존재로 구겨버리는 일이다.
떠받들려지는 사람이나 떠받드는 사람
모두가 '정당한 자기'를 박탈 당한다.
모두가 '자기'에 치명상을 입는다.

_ 265쪽

미세먼지처럼

사람을 존재 자체로 주목하고 인정하지 않는 공기가
미세먼지처럼 우리 사회 전체를 조용히 덮어가는 중이다.
먼지가 다니는 길에는 경계가 없어서
사람이 금을 그어놓는다고 금 안에 묶여 있지 않는다.
그 영향력도 무차별적이다.

사회적 약자뿐만이 아니다.
이제는 부자나 명망가, 권력자들도
미세먼지처럼 휘감는 우리 사회의 그 탁한 그 공기에서
자유롭지 못하다.
자신을 존재 자체로 바라보는 시선의 결핍이라는 측면에서
우리 모두는 공평하게 허기를 느낀다.

_ 72쪽

노인부터 아이까지

시민들과 함께 노인 시설을 찾아가 일 대 일로 마주 앉아
노인들의 '자기'에 집중해서 이야기를 듣는 시간을 가졌다.
노인의 두 눈동자에 쏟아지는 눈길과 반응 하나하나는
그 노인에겐 투명한 날 활짝 연 창문으로 들어오는 볕이었다.
노인들의 '자기'와 자기 삶에 쏟아지는 볕.
햇볕이 비추는 곳에서 생명이 시작되듯 그날 노인들도 그랬다.
'평생 이렇게 얘기하긴 처음…'이라며
햇살처럼 웃는 노인들의 고백은
우리들의 삶과 질적으로 다르지 않았다.
내 존재에 쏟아지는 볕 같은 시선이 우리 곁에는 존재하는가.
그런 시선이 없으면 젊든 늙든 아플 수밖에 없다.

내 존재가 주목을 받으며 살아야 제대로 된 내 삶의 시작이다.
노인도 그렇고 청년이나 아이들도 그렇다.
너도 그렇고 나도 그렇다.

_ 55쪽

둘 다 홀가분한 지점

공감은 한 사람의 희생을 바탕으로 이뤄지는 것이 아니다.
공감은 너도 있지만 나도 있다는 전제에서
시작되는 감정적 교류다.
공감은 둘 다 자유로워지고 홀가분해지는
황금분할을 찾는 과정이다.
누구도 희생하지 않아야 제대로 된 공감이다.

_ 274쪽

Losange, 1946-1947

너를 공감해 주는 것 그게 공감의 다가 아니다. 어떤 순간엔 너와 나 중에서 누구를 더 우선적으로 공감하는 게 적절한지 생각하고 분별할 수 있어야 제대로 된 공감이다. 그 우선순위가 너일 수도 있지만 나일 때도 많다.

제대로 살게 하는 힘

아이는 아빠에게
"우리 아빠가 제일 힘세, 아빠 사랑해, 아빠랑 놀고 싶어"라는
식으로 아빠라는 존재 자체에만 반응하는 존재다.
아빠의 연봉이 얼마인지, 학벌이 어떤지,
아빠의 키가 큰지 작은지 상관하지 않는다.
세상에서 어떤 평가를 받고 있든
아빠는 아이를 통해 자신이
한 존재로서 사랑받고, 인정받는 느낌을 받는다.
그 느낌은 어떤 당위보다 더 강하게
그의 존재를 자극한다.
잘 살아야겠다, 제대로 살고 싶다는 쪽으로
그를 움직이게 만든다.

_ 155쪽

마음의 동력

사랑 욕구는
아기 때부터 시작해서 늙어서 숨이 멎기 직전까지
인간이 한결같이 갈망하는 것이다.
예외가 없다.
욕구의 표현 방식이 세련되어지거나
욕구 충족의 대상이 달라질 수 있지만
총량 자체는 줄지 않는다. 줄어들 수 없다.
사랑 욕구가 일생 동안 쉬지 않고 안정적으로 채워져야
피폐해지지 않고 살 수 있다.
차의 성능이 좋아져도 휘발유나 전기 등의 동력 없이는
1밀리미터도 움직일 수 없다.
몸이 산소와 음식이라는 동력원으로 움직이듯
마음은 사랑 욕구가 채워져야 움직인다.

_ 232쪽

밥이 기본

존재 자체에 대한 주목과 공감을 경험하지 못한 사람은
자신의 성취에 대한 인정과 주목을
존재에 대한 주목이라고 생각해서
그것에 매달리게 된다.
하지만 밥 없이 반찬으로만 배를 채운 사람처럼
아무리 많이 먹어도 편안한 포만감이나
포만감으로 인한 안정이 없다.
반찬으로만 채운 배는 한계가 있다.
존재 자체에 대한 주목과 공감은
갓 지은 밥과 같은 것이다.
잘 지은 밥이 있으면 간장 하나만 가지고도
든든한 포만감을 느낄 수 있다.
밥이 기본이라서다.

_ 150쪽

집밥

실제로 우리는 일상에서
스스로 집밥을 만들어 허기를 해결한다.
외식도 하지만 식당 조리사에게만 의존해서
내 일상의 허기를 해결하지는 않는다.
조리사가 해준 고급 요리는 안 먹어도 아무 문제가 없지만
집밥을 오래 먹지 않으면 심리적으로도 불안정해진다.
그런 것이 집밥이다.

일상에서 배고픔이 해결되지 않으면
짜증이 많아지거나 폭력적으로 변하거나 무기력해진다.
마찬가지로 삶의 바탕인
인간관계의 갈등들이 해결되지 않고 쌓이면
마음도 엇나가고 삶도 뒤틀린다.

_ 33~34쪽

The red room. 1908

한 달 전에 배불리 먹었다고 오늘의 허기가 덜 하진 않다. 사랑 욕구는 끼니때마다 돌아오는 허기와 같다. 쉬지 않고 충족돼야 한다. 그래야 다음 끼니까지 안정적으로 지낼 수 있다.

아무것도 아닌 존재가 아니구나

엄마와 손을 잡고 병원을 오고간 그 시간이 좋았다고,
병원 근처에서 엄마와 함께 먹었던 돈가스가 너무 맛있었다고.
병원 진료실에 함께 있을 때의 느낌을 아이가 엄마에게 전할 때
엄마의 마음에 그 말이 아기처럼 폭 안겼다.
아이의 우울증이 심각한 상태라는 의사의 얘기를 들으며
엄마의 눈에 눈물이 고이고 눈동자가 흔들리는 모습을
아이가 봤던 모양이다. 그걸 보고 아이는
'아, 우리 엄마가 나 때문에 힘들어하는구나'라는 걸
느끼며 안심했다고 한다.
자기가 엄마에게 아무것도 아닌 존재가 아니었다는
확인이 뿌리 같은 안정감을 준 것이다.
약물과 상담 치료를 다 거부했지만
아이는 엄마의 흔들리는 눈동자에서
자기 존재감을 확인하고 편안해진 모양이다.
아이의 그 말을 전하며 엄마는 강물처럼 울었다.

_ 80쪽

내가 잘못되지 않았다

내가 잘못되지 않았다는 확인이 있어야
사람은 그 다음 발길을 뗄 수 있다.
자기에 대해 안심해야
그 다음을 합리적으로 사고할 수 있다.
네가 그럴 때는 분명 그럴 만한 이유가 있을 것이라는 말은
'너는 항상 옳다'는 말의 본뜻이다.
그것은 확실한 '내 편 인증'이다.
내가 틀린 게 아니구나.
내가 잘못된 게 아니구나.
내가 비정상이라서가 아니구나.

이것이 심리적 생명줄을 유지하기 위해
사람에게 꼭 필요한 산소 공급이다.

_ 57, 59쪽

산소 같은 것

산소는 생명을 유지하기 위한 절대 요소다.
맑은 공기를 통해서 폐로 들어온 산소는
혈액 속 적혈구에 실려서 온몸으로 운반된다.
적혈구는 폐로 들어온 산소를 이고 지고
택배 배달원처럼 먼 길을 떠난다.
몸의 말단 조직까지 구석구석 일일이 찾아가 산소를 배달한다.
적혈구는 잠시도 쉬지 않고 일하는 성실한 산소 배달원이다.
적혈구가 움직이지 않으면 우리 몸의 생명도 끝난다.
심리적 목숨을 유지하기 위해서
끊어지지 않고 계속 공급받아야 하는 산소 같은 것이 있다.
'당신이 옳다'는 확인이다.
이 공급이 끊기면 심리적 생명도 서서히 꺼져간다.

_ 56쪽

힘이 부치는 순간에

가장 절박하고 힘이 부치는 순간에
사람에게 필요한 건
'네가 그랬다면 뭔가 이유가 있었을 것이다'는
자기 존재 자체에 대한 수용이다.
존재에 대한 수용을 건너뛴
객관적인 조언이나 도움은
산소 공급이 제대로 되지 않은 사람에게
요리를 해주는 일처럼 불필요하고 무의미하다.

_ 58쪽

온 체중을 실은 말

"당신이 옳다."
온 체중을 실은 그 짧은 문장만큼
누군가를 강력하게 변화시키는 말은
세상에 또 없다.

_ 61쪽

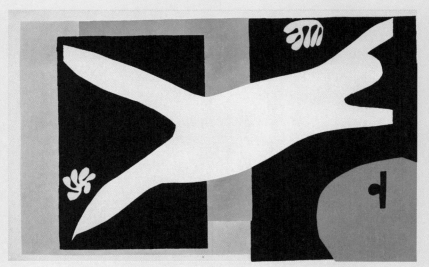

The swimmer in the tank, 1947

‘당신이 옳다’라는 명제만큼 중요한 것이 온 체중을 신는 일이다. 온 체중을 신지 않은 ‘당신이 옳다’는 그저 그런 덕담일 뿐이다. 체중을 신지 않은 진심이란 없고 진심 없는 전달도 당연히 없다.

일상적 허기

일상적 허기처럼 인간관계의 갈등과 상처들이 찾아오는데
그것들을 내 손으로 해결하는
최소한의 방법을 익히지 못하면
우리의 삶은 점점 늪이 되고 지옥이 되어간다.
우울증에 대한 정신의학적 진단은
오랜 세월에 걸쳐 우리의 집단 무의식 속에 형성된
건강하고 자연스러운 치유적 반응이 작동하는 것을
방해하기도 한다.
의학적 진단은 힘도 있지만 동시에 부작용도 있다.
우리 삶의 고통은
정신과의사와 상의해야 하는 것보다
훨씬 더 많은 것들로 이루어져 있다.

_ 90쪽

내 삶과 멀어지면

스타의 삶은 우리 삶의 완전한 축소판이다.
일상에서 누군가의 기대와 욕구에 맞춰
끊임없이 나를 지워간다는 측면에서도 그렇고,
자기 소멸의 벼랑 끝에서
SOS를 치는 삶을 살고 있다는 측면에서도 그렇다.

'나'가 흐려지면 사람은 반드시 병든다.
마음의 영역에선 그게 팩트다.
내 삶이 나와 멀어질수록 위험해진다.
누구든 그렇다.

_ 46, 47, 49쪽

'당신이 옳다'는 옳은가

'당신이 옳다'는 기세등등한 말이다. 단정적이고 어떤 면에선 돌이킬 수 없는 말이다. 그러므로 7년 전 『당신이 옳다』란 책 제목은 도발적이었다. 독자들 반응도 둘로 나뉘었다. 제목을 보고 '이건 나를 위한 말'이라며 무조건 집었다는 사람과 제목 때문에 거부감이 들어 한동안 안 읽었다는 사람도 있었다. 나를 위한 응원이라고 생각하는 쪽이 조금 더 많았지만 거부감을 느끼는 쪽도 적지 않았다. 사람이 옳을 때도 있고 틀릴 때도 있는 법인데 무조건 옳다니. 탕후루 같은 과도한 설탕발림으로 읽을 이를 혹하게 하려는 얄팍함 아니냐는 것이다. 그렇게 생각할 수도 있다. 그렇다면 '당신이 옳다'라는 말은 옳은가.

결론을 말하기 전에 고백하자면 나는 '거부감을 느꼈다'는 저항자들의 마음에 심하게 끌린다. 그렇게 자의식이 꼿꼿한 사람을 본래 너무 좋아한다. 세상에서 내가 가장 사랑하는 이가 그런 사람이라

잘 안다. 꼿꼿한 자의식은 눈빛으로도 새어 나와서 섹시함을 감출 수 없다. 그런데 그런 이들에게 '당신이 옳다'라니! 그것도 무조건.

　　　절대 공감을 강요하는 듯한 이런 말에 발끈한다는 건 '살아 있다'는 징표다. 습관적 삐딱이만 아니라면. 세상에 떠도는 공감의 정의 중 절반 이상은 감정노동 비스무리한 것, 좋은 말 대잔치를 솔루션으로 장착한 개념쯤 어딘가에 있다. 그러니 이런 발끈함은 그간 알아 온 공감의 개념에 대한 정당하고도 건강한 저항일 수 있다. 그런 거부감에도 불구하고 누군가의 권유로 『당신이 옳다』를 읽었다면 자의식도 짱짱하지만 동시에 자신이 신뢰하거나 사랑하는 사람의 권유에는 열려있다는 의미다. 『당신이 옳다』에서 반복적으로 말해온 '경계를 품은 공감'을 제대로 아는 공감자가 될 수 있는 사람이다. 그러니 끌릴 수밖에.

　　　그렇다면 '당신이 옳다'라는 제목을 본 순간 운명처럼 와닿은 사람들은 어떤 이유였을까. 제목만 보고도 눈물이 흘렀다는 이도 많았다. 그들은 순정한 사람들이다. 살아오는 동안 자신의 상처에서 흐르는 진물 같은 눈물을 절절히 느끼고 있는 사람이다. 타인의 시선을 의식하는 일도 지쳐서 있는 그대로의 자신을 바라보는 중이었을 것이다. 굽이굽이 세상살이의 고개를 넘고 넘다 내 상처와 고통의 본질 앞에 다다른 순간이었을 것이다. 내 마음 알아주는 이를 만나면 함께 이야기 나누고 손을 부여잡고 와락 껴안고 싶은 마음 가득했을 것이다. 언젠가는 쨍쨍한 자의식으로 엇나가 본 적도 있었겠지만 지금은 그런 기개도 풀이 죽고 나보단 너의 자의식에 주눅이 들어 있었을지도 모른다. 여기서 '너'는 사람만이 아니라 운명이나 환경, 세상을 모두 포함한다.

그러니 '당신이 옳다'란 제목에 심쿵하거나 저항감을 느끼는 두 갈래의 독자는 모두 눈물겹다. 고통을 겪고 살아낸 자의 상처 입은 위엄으로 가득하다. 나는 수십 년간 그 상처들의 손목을 꽉 붙들고 함께 걷는 일을 해왔다. 피와 살점이 떨어져 나간 상처에 햇볕

같은 공감을 폭포수처럼 정확하게 퍼부으면 그 끝점에서 무엇을 만나게 되는지 이젠 의심 없이 너끈히 안다. 눈물로 짓무른 눈가에만 비로소 깊은 눈웃음이 깃들 수 있다는 것도 숨결처럼 받아들인다. 눈물 없는 웃음이 있던가. 눈물 없는 웃음이 진짜던가. 그래서 오늘도 또다른 손과 손목을 꼭 잡는다.

그럼에도 아직 제목에 대한 거부감이 있다면 '그래도 된다'는 말을 다시 전한다. 그런 사람 천지삐까리다. 괜찮다. '당신이 옳다'는 말이 불편해도 휴지통에 쑤셔 넣지 않고 곁에 두고 살다 보면 어느 날 제우스의 번갯불처럼 당신의 마음을 찌르는 날이 온다. 통증이 아니라 통점이 찌르르 풀리는 홀가분한 통각을 느끼게 된다. 눈앞에 고요한 풀밭이 환하게 펼쳐진다. 그때까지 천천히 가보자. 내 손 놓지 말길. 나는 공감자 정혜신이다. 공감의 효용과 한계와 선한 영향력을 누구보다 잘 아는.

나를
공감하는 시간

두 번째 걸음 나에게로 들어가는 문, 감정

사람의 마음

사람의 마음, 감정은 날씨 같다.
춥기도 하고 덥기도 하고
화창하고 맑다가 바람이 불기도 하고
태풍이 몰아치기도 한다.
예고 없이 지진이 일어나기도 하고 쓰나미가 덮치기도 한다.
그러다가 언제 그랬냐는 듯 무지개가 걸린다.

감정도 그렇다.
슬픔이나 무기력, 외로움 같은 감정도 날씨와 비슷하다.
지진이나 쓰나미가 지구의 병이 아니듯
감정은 병의 증상이 아니다.
내 삶이나 존재의 내면 상태를 알려주는
자연스러운 반응이다.

_ 94쪽

또다른 자기가 나를 본다면

정신없이 바쁘게 사는 어느 회사 대표의
일주일 일정을 듣다가 물었다.
"일주일간 그렇게 뛰어다닌 자신을
유체 이탈한 영혼처럼 몇 발자국만 빠져나와서 본다면요.
지금 자기한테 어떤 느낌이 들까요?"
"당분간은 제가 그럴 수밖에 없는 상황이라서요."
"음… 그렇군요. 그런데 나는 그 상황을 물은 게 아닌데…
그런 자신을 쳐다보면서 또다른 자기가
어떤 느낌을 가질지 그게 궁금해요."
"음… 답답해 보여요. 안쓰럽기도 하고."
그때부터 그의 말은 속도가 느려지고 어눌해졌다.

_ 154쪽

Jeune fille devant un aquarium, 1921-1922

_____ 속마음 이야기를 하다 상대의 말이 느려지고 어눌해질 때 나는 마치 진실의 전구가 하나둘 켜지는 것 같은 느낌을 받는다. 그 순간이 엄청 귀하게 느껴진다. 그럴 때면 왠지 내 말도 함께 떠듬떠듬 어눌해진다. 어눌해진 둘의 정지된 시간은 무음의 천둥소리 같다. 고요하게 쩌렁쩌렁하다.

마음이 어떠세요?

"요즘 마음이 어떠세요?"
이 질문을 던지면 의외의 상황이 벌어진다.
질문 전후 이야기의 질이 확연히 달라지기도 한다.
별말 아닌 것 같지만
존재 자체에 대한 주목이어서 그렇다.

심리적으로 벼랑 끝에 있으면서도
낌새조차 내보이지 않고
소리 없이 스러지고 있는 사람이 많은 현실이라
"요즘 마음이 어떠세요?"라는 질문 하나가
예상치 않게 '심리적 심폐소생술(CPR)'을
시작하게 만들기도 한다.

_ 66쪽

심리적 CPR

심폐소생술은 심장 외 다른 장기들은 제쳐놓고
오로지 심장과 호흡에만 집중하는 응급처치다.
심장 기능만 돌아오면 몸의 다른 모든 기능은
알아서 연쇄적으로 작동하기 때문이다.
심장 압박을 할 때는 두꺼운 옷을 젖히고
옷에 붙은 액세서리도 다 떼고
정확하게 가슴의 중앙 바로 그 위 맨살에
두 손을 올려놓는다.
심리적 CPR(Cardio-Pulmonary Resuscitation)도 마찬가지다.
심리적 CPR은 오로지 '나'라는 존재 자체에만 집중해야 한다.
'나'처럼 보이지만 '나'가 아닌 많은 것들을 젖히고
'나'라는 존재 바로 그 위를 강하게 자극하는 것이다.

_ 111쪽

지금의 나에게 '나'처럼 보이지만

'나'가 아닌 것들은 무엇인가?

자격증? 학위? 빈약한 통장 잔고? 내 부모?…

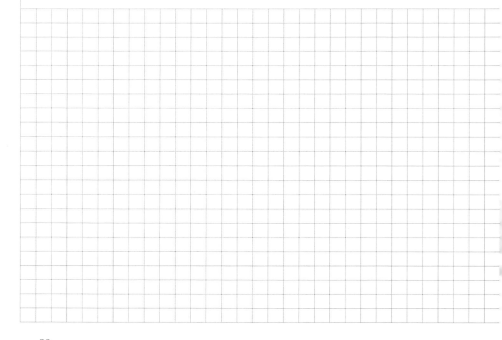

나는 괜찮은 건가

어디가 '나'라는 존재 자체인가.

남들은 다 나를 부러워하는데

내가 이러는 건 사치스러운 투정이 아닐까 하는

생각을 하면서도 여전히 마음은 불안하고 외로울 수 있다.

그럴 때 나는 괜찮은 건가 안 괜찮은 건가.

그때는 사치스럽다는 내 '생각'이 옳은가

아니면 불안한 내 '감정'이 옳은가.

생각과 감정이 충돌할 때는 감정이 항상 옳다.

'나'라는 존재의 핵심이 위치한 곳은

내 감정, 내 느낌이므로

'나'의 안녕에 대한 판단은 거기에 준할 때 정확하다.

심리적 CPR이 필요한 상황인지 아닌지도

감정에 따라야 마땅하다.

_ 111쪽

존재의 고갱

누군가의 마음은
타인이 옳다 그르다 판단할 영역이 아니다.
마음과 느낌은 충조평판의 대상이 아니라
절대적으로 존중받아야 할 존재의 고갱이다.

충조평판: '충고, 조언, 평가, 판단'의 앞 글자만 딴 나의 표현.
누군가 자기 마음을 얘기할 때 충조평판을 하면 안 된다. 말하는 입장에
선 도와주려는 마음이었어도 그와는 전혀 다르게 비수가 되어 끝나기 때
문이다. 항상 그렇다.

우울은 삶의 보편적 바탕색

우울은
도저히 넘을 수 없을 것 같은 높고 단단한 벽 앞에 섰을 때
인간이 느끼는 감정 반응이다.
인간의 삶은 죽음이라는 벽,
하루는 24시간뿐이라는 실존적인 벽 앞에 있다.
인간의 삶은 벽 그 자체다.
그런 점에서 모든 인간은 본질적으로 우울한 존재다.

우울은 질병이 아닌 삶의 보편적 바탕색이다.

_ 94쪽

죄의식과 무력감의 연대

죄의식과 무력감 같은 감정은 겉보기엔 자신만 갉아먹는
아무짝에도 쓸모없는 감정으로 보이지만
꼭 그렇지만은 않다.
세월호 참사 당시 함께 아파했던 시민들은
'어른인 것이 부끄럽고 미안합니다…'
'함께 우는 것 외엔 아무것도 할 수 있는 게 없네요…'
라고 탄식했지만 그들은 유사 이래 가장 강한 위력을 내포한
사회적 힘을 이끌어냈다.
세월호를 깊은 바다에서 뭍으로 들어올리는 결정을 이끌어냈고,
책임져야 할 정권을 끌어내리는 결정적 에너지를 만들었다.
죄의식과 무력감의 연대가 해낸 일이다.

우리가 살면서 겪는 모든 감정들은 삶의 나침반이다.
약으로 함부로 없앨 하찮은 것이 아니다.
약으로 무조건 눌러버리면
내 삶의 나침반과 등대도 함께 사라진다.
감정은 내 존재의 핵이다.

_ 100쪽

Vase de fleurs, 1898-1900

_____ 내 모든 감정들은 나의 가장 깊은 내면 상태를 실시간으로 비춰서 송출해 주는 라이브 상황판이다. 라이브 상황은 진실로 가득하고 진실은 힘이 세다.

나에게 들어가는 문

내 느낌이나 감정은 내 존재로 들어가는 문이다.
느낌을 통해 사람은 진솔한 자기 존재를 만날 수 있다.
느낌을 통해 사람은 자기 존재에 더 밀착할 수 있다.
느낌에 민감해지면 액세서리나 스펙 차원의 '나'가 아니라
존재 차원의 '나'를 더 수월하게 만날 수 있다.
'나'가 또렷해져야 그 다음부터
비로소 내 삶을 살아갈 수 있다.

_ 113쪽

그래서 말인데… 지금 마음은 어떠세요?

문과 문고리

존재 자체를 터치한다는 건
높고 단단한 벽 너머의 오래된 기억과 상처들로
빼곡히 들어찬 속마음으로 들어가는 문을 찾는 일이다.
문을 찾은 후에는 문고리를 찾아 돌리면 된다.
그러면 문이 열리고 안으로 들어갈 수 있다.

문이 존재 자체라면
문고리는 존재의 '감정, 느낌'이고
공감은 그 문고리를 돌리는 힘이다.
존재의 감정이나 느낌에
정확하게 눈을 포개고 체중을 실어 공감할 때
문고리가 돌아간다.
그렇게 사람의 속마음이 열리고
결정적으로 그 모습을 드러낸다.

-153쪽

La fenêtre ouverte, 1918

벽과 문, 문고리를 떠오르는 이미지대로 한번 그려보자.
내 마음으로 들어가는 약도일 수 있으니.

'나'가 아닌 것

존재 자체를 몸에 비유한다면
외모, 권력, 재력, 재능, 학벌 등은
몸을 감싼 여러 겹의 옷들이다.
넘치는 관심과 주목을 받는 사람들도
따지고 보면 존재 자체에 대한 주목이 아니라
그가 걸치고 있는 옷에 대한
주목이나 찬사인 경우가 대부분이다.
내 직장이나 학위, 직업이 '나'가 아니듯
내 돈, 권력, 외모나 재능도 당연히 '나' 자체가 아니다.
그래서 그것들을 다 가진 사람도
자기 존재 자체가 주목을 받지 못하면
심한 결핍이 생긴다.

_ 72쪽

성과에 과도한 방점을 찍을 때

아이에게 칭찬할 때
"와우! 성적이 그렇게 올랐구나. 참 잘했다"는 식으로
오른 점수에 방점을 찍는 칭찬보다는
"성적이 그렇게 많이 올랐구나!
네가 이번에 정말 노력을 많이 했나 보다. 참 애썼어"라고 한다면
오른 성적 그 자체보다 아이의 존재에 집중을 한 것이다.
성적이 오르는 상황을 이끌어낸
'아이 자체'에 집중을 한 것이다.
외형적 성과나 성취 자체에 대한 과도한 방점은
사람에게 성과에 대한 불안과 강박을 가져오지만
존재 자체에 대한 집중은
안정과 평화가 바탕이 된 열정을 만든다.
부작용이 없다.
좋은 작용만 있다.

_ 150쪽

내 마음을 건너뛰어

속마음 이야기나 관계의 영역에서는
'나 자체, 내 마음'에 맞춰지지 않은 얘기는
결국 공허해진다.
내 마음을 건너뛰어
내 지식, 내 권위, 내 신념이나 내 주장 등에
의지해서 전개되는 이야기의 종착역은
아무리 치열했어도 아니 치열할수록
공허함이나 외로움이 커진다.
서로에게 스민 느낌이 없어서다.
스미기는커녕 오히려 서로 밀어내는 느낌을 확인해서다.
긴 시간의 이야기 끝에서 마음이나 생각의 거리가
한 치도 가까워지지 못했다는 것을
서로 확인하게 돼서 더 외롭고 쓸쓸해진다.

_ 144~145쪽

마음을 토로하는 말

자기 마음을 말하고 싶어도 어떻게 해야 할지 잘 모르는 경우가 많다.
시작했다가도 길을 잃는다.
어디서부터 어떤 방식으로 꺼내야 할지 분간이 힘들어서
무작정 누르고 사는 게 상책이라 여긴다.
그런 때 자기 마음을 잘 말할 수 있도록
듣는 사람이 도와주는 것도 좋다.
시류나 정치, 요가나 여행 등에 관한 이야기에 몰두 중인 사람에게
이야기의 초점을 '자기' 쪽으로 돌려주는 거다.
"요즘 그런 거에 관심이 많구나. 그런데 나는 너의 관심사 그 자체보다
그런 것에 관심을 갖는 네가 더 궁금해."
처음엔 어색해도 하나씩 하나씩 그렇게 묻고 듣다 보면 알게 된다.
'아, 요즘 너의 마음이 그렇구나. 그런 일들이 있어서 그랬구나…'
듣는 사람이 말하는 이의 이야기를 정확한 과녁에 맞게 바꿔주는 것,
그것이 공감의 다른 이름이다.
공감은 생각과 감정들이 실타래처럼 엉켜서 나도 어쩌지 못하고 있는
그 부위에 미사일처럼 정확하게 꽂히는 치유 나노로봇이다.
이보다 더 빠르고 정확하고 정교하며
부작용 없는 치유제는 세상에 또 없다.

_ 145~146쪽

자신에게 끊임없이 충조평판

스스로도 고통 속에 있는 자신에게
끊임없이 충조평판의 잣대를 들이밀며 다그친다.
내가 너에게, 나도 나에게 그렇게 하는 것이다.
충조평판을 빼면 달리 할 말이 없어서다.
충조평판이 도움이 될 거라 믿어서라기보다
아는 게 그것밖에 없어서일 때가 더 많다.
고통을 마주할 때
우리의 언어는 거기서 벼랑처럼 끊어진다.
길을 잃는다.
그 이상의 언어를 알지 못해서다.
그 이상의 언어를 알아야 한다.
그래야 살 수도, 살릴 수도 있다.

_ 114~115쪽

좋은 감정과 나쁜 감정

우리는 좋은 감정과 나쁜 감정이 따로 있다고 여긴다.
좋은 감정은 수용하지만
나쁜 감정이라 믿는 것은 없애거나 억누르려 한다.
후회나 짜증, 무기력, 불안, 두려움 같은 것은
나쁜 감정, 없애야 하는 감정이고
유쾌하고 잘 웃는 마음, 매사 긍정적이고 좌절하지 않는 마음은
좋은 감정이다. 북돋우고 강화시켜야 마땅하다고 믿는다.
나쁜 감정을 어떻게 해서라도
좋은 감정으로 전환시킬 수 있어야
멘탈이 좋은 사람이라고 생각한다.
하지만 직면해야 할 부정적 현실을 회피한 결과
혹은 자기합리화의 결과가 좋은 감정일 때도 있다.
이렇듯 좋은 감정이 항상 좋기만 한 것이 아니다.
당연히 부정적인 감정도 항상 부정적인 것은 아니다.
상황마다 다르다.
고정값이 아니므로 개별적 상황마다
다시 성찰해야 알 수 있다.

_ 227쪽

불안 신호를 따라

감정은 한 존재의 지금 상태를
있는 그대로 나타내는 바로미터다.
모든 감정에는 이유가 있고
그래서 모든 감정은 옳다.
불안을 느낀다면 '이러면 안 되는데' 할 게 아니다.
'내가 불안하구나, 난 요즘 어떻게 살고 있었지?'
곰곰이 나와 내 상황을 돌아봐야 한다.
불안할 때 신경안정제로 불안을 없애버리고
그 신호의 근원을 외면하면
계속 약에 의존할 수밖에 없다.
불안 신호를 따라 '나'를 찬찬히 짚어봐야 한다.
불안을 따라가다 보면 근원이 나오고
그러면 길이 보인다.

_ 228쪽

자신에게 눈을 포개기

자신에게 눈을 포개고 물어봐 줘야 한다.
결론이 어느 쪽으로 나든 개의치 말고
진심으로 물어봐 줘야 한다.
빠르게 대답을 하거나 대답을 들으려 애쓰지 말자.
질문 언저리에서 충분히 배회하며 머무를 수 있도록
자신에게 시간을 줘야 한다.
질문에 대한 답을 하려고 쫓기지 말고
답을 하라고 채근하지 말고
자신에게 물어보면서 자기 마음을 천천히 둘러봐야 한다.
좋은 대답과 결정이 자신을 지켜주는 게 아니라
자기에게 주목하고 공감해 주는 과정 자체가
자신을 끝내 보호하는 것이다.

_ 248쪽

건강한 불안

스스로에게 근원적인 질문을 던지면
불안하고 흔들리게 된다.
상황을 더 깊고 입체적으로 보는 과정에서
만나는 불안은 불가피한 것이다.
깊은 성찰은 여러 갈래의 길과 전망을 보여준다.
복잡한 갈래 길들을 직시하고 인정하는 과정은
불안과 함께 진행되는 것이다.
그런 과정을 거치며 심리적 토대는 더 튼실해진다.
이럴 때의 불안은 건강한 불안, 건강한 혼란이다.
나를 더 입체적으로 알아가기 위해선 피할 수 없는 과정이다.
건강한 불안을 외면하면 이 모든 과정이 생략되고 사라진다.
잠깐은 편해 보여도 결국엔 극심한 혼란에 빠진다.

_ 227쪽

리얼월드

감정은 나를 생생한 나의 현실, 리얼월드로 데려간다.

있는 그대로의 나를 순정하게 만나게 해주는 곳이다.

내게도 막막할 때가 있구나.

아무런 계획도 떠오르지 않고

아무것도 손에 잡히지 않을 때가 있구나.

나도 그렇구나 하는 것을 느끼면서

삶에 대한 현실 감각이 조금씩 돌아온다.

내가 누구인지, 그들에게 내가 어떤 존재였는지,

그간 내가 어떤 삶을 살았는지,

그들이 나에게 어떤 존재였는지 처음으로 감각한다.

그게 리얼월드다.

_ 97쪽

거침없이 나를 표현할 때

사람은 자기를 그대로 드러내는 사람에게 끌린다.
사람이 가장 매력적인 순간은
거침없이 나를 표현할 때다.
모든 아기가 아름다운 것도 그 때문이다.

_ 47쪽

심리상담은 말로 하는 수술

수술이 필요한 심장질환이라는 의사 진단을 받고도 '내가 혼자 더 노력해 봐야지' 하며 진료실을 떠나는 사람은 없다. 반면 죽을 만큼 힘든 마음 고통에도 심리상담 한 번 안 해보고 포기하는 경우는 숱하다.

심리상담에 대한 사람들의 선입견이 한몫했을 거라 추론한다. 심리상담을 토닥토닥 등 두드려주거나 심리분석을 바탕으로 적절한 조언을 제공하는 시간 정도로 여긴다. 그러니 그런 정도의 도움이 내게 무슨 의미가 있겠어, 내 문제는 스스로 극복해야 하는 거지 등의 생각이 뒤따른다. 한마디로 내 복잡한 갈등과 고통에 한낱 공감 따위가 도움이 되겠냐는 것이다. 정말 그런가. 천만의 말씀이다.

내 직업적 경험을 바탕으로 정의하자면 심리상담은 말로 하는 수술이다. 상담실은 피가 튀고 살점이 떨어져 나간 상처가 쩍 벌어져서 그대로 드러나는 현장이다. 심리적 비수에 찔려 피를 뚝

뚝 흘리고 활활 타오르는 분노가 온몸으로 옮겨붙어 어떤 합리적 설명이나 설득도 소용없는 현장이다. 흐르는 피를 멈출 수 있어야 하고 분노의 화상으로 줄줄 흐르는 피고름도 2차 감염 없이 닦아내야 한다.

애와 증, 죄책감과 분노, 자유 추구와 의존 욕구처럼 극과 극의 욕구 사이를 널뛰듯 옮겨 다니는 혼돈을 노련한 외과의처럼 매끄럽게 정리하고 바늘과 실로 자연스럽게 꿰매서 붙게 해야 한다. 실제로 한 사람 안에 두 가지 인격이 번갈아 가며 나타나는 해리성 장애(흔히 '지킬 박사와 하이드'로 비유되곤 하는 질환)로 고통받는 사람과 상담을 할 때, 내 머릿속에는 두 인격 사이의 간극을 바늘과 실로 꿰매고 있는 내 모습이 드론 뷰로 연상되기도 했다. 말로 하는 수술의 현장이다.

심리상담의 핵심이 공감이라면서 그토록 어려운 것이 심리상담이고 공감이라면 과연 누가 이걸 할 수 있겠나 의문이 생길 수도 있다. 하지만 심장전문의가 아니더라도 심폐소생술(CPR) 교육을 받은 사람은 길을 가다가도 사람 생명을 구할 수 있다. 같은 이치다. 모두 심장전문의가 될 필요는 없지만 간단한 심폐소생술 교육만으로 누구나 생명을 구할 수 있다. 공감만 정확하게 알아도 공감 따위라고 대놓고 무시하지만 않아도 결정적인 순간에 내 앞에 있는 생명을 구한다. 때론 그게 내 생명일 때도 있다. 일반 심폐소생술은 나를 구하지 못 하지만 심리적 CPR은 스스로도 구한다.

심리상담의 핵심은 정확한 공감이다. 그다지 아프지도 않은 곳을 어루만져주는 손은 고맙지도 미덥지도 않다. 도움도 안 된다. 정확한 공감은 누군가의 어떤 마음이나 감정이라도 이유가 있을 것이란 전제를 가지고 초집중해야 가능하다. 정확하게 공감하면 화자(話者, 나는 '내담자'라는 말보다 '화자'라는 표현을 쓴다)는 기꺼이 빠르게 무장을 해제한다. 수술이 필요한 부위를 스스로 활짝 열어 보인다. 그래서 최종 병소를 향한 최적의 경로를 더 쉽게 찾을 수 있다.

　탁월한 외과의도 수술 중 어느 정도의 출혈은 피할 수 없듯 심리상담도 마찬가지다. 최종 병소를 찾아가는 과정 중에 상처의 잔가지들에서 출혈과 통증이 생긴다. 출혈 부위를 놓치지 않고 일일이 발견하고 알아봐 주고 공감해 줘야 한다. 살이 찢어지듯 아파도 알아봐 주는 사람 앞에선 덜 아프다. 장수 같은 용기를 내게 된다. 공감은 출혈을 멈추는 지혈제이고 마약성 진통제보다 더 강력한 진통제다. 상처 주변이 그렇게 정리되면 수술을 하는 이의 시야가 또렷이 확보된다. 상처의 진원으로 들어가는 길이 잘 보인다. 수술의 진도도 쭉쭉 나간다.

　말로 하는 수술은 인간의 본질에 대한 공감, 절대 공감을 바탕으로 시작되고 마지막 매듭을 짓는다. 공감은 심리적 심폐소생술이다. 공감만 알아도 사람을 구한다.

나를
공감하는 시간

세 번째 걸음 내 상처를 마주하다

엄마는 그러면 안 되지

아이가 서럽게 울면서 말했다.

"엄마는 그러면 안 되지,
내가 왜 그랬는지 물어봐야지.
선생님도 혼내서 얼마나 속상한데,
엄마는 나를 위로해 줘야지.
그 애가 먼저 나에게 시비를 걸었고,
내가 얼마나 참다가 때렸는데.
엄마도 나보고 잘못했다고 하면 안 되지."

_ 168쪽

학교에서 친구를 때린 일로 혼나고 집에 들어온
아이의 이 말은 내겐 한 문장도 더하거나 뺄 것이 없는
'공감의 헌장(憲章)' 원본처럼 느껴진다.

하나씩 또렷이 보는 일

치유란 안개가 자욱한 고속도로에서
사고로 뒤엉킨 자동차들처럼
상처 입어 헝클어진 마음결을 누군가의 손을 잡고
하나하나 보고 만지고 느끼고 확인하며
분리해 가는 과정이다.
그 과정을 통해 자신의 뒤엉켜 있던 마음결을
안개가 걷힌 후의 풍경 보듯
하나씩 또렷이 보는 일이다.
'아, 그때 내 마음이 그랬었구나.
그래서 그때 그런 말이 튀어나왔었구나.
그래서 내가 그런 행동을 했던 거구나.
내가 그랬구나.'

_160쪽

Anémones au miroir noir, 1919

또렷이 내 마음을 보기도 전에 내려지는 판단이나 진단들, 해결책이라는 명목의 도움들 속에서 우린 얼마나 많은 혼란을 겪고 있나.

누구나 상처가 있다

정신건강의학과 진료를 받고 있거나 관련 약물을 복용한다고
혹은 그런 적이 있다고 '환자'라는 틀로만 바라봐도 괜찮은 사람이란
세상에 없다. 그건 옳지도 않지만 맞지도 않는 말이다.
사람이라면 누구나 상처가 있다.
남보다 특별하게 예민한 구석도 있다.
거기에서 예외인 사람은 없다.
아무리 건강한 사람이라 해도 24시간 건강하게 살지 못하고
노이로제가 있는 사람이라도 24시간 노이로제 환자로
살지 않는다.

_ 29~30쪽

고통 위에 뿌려진 소금

상처를 끄집어내는 것이 아파서 못 꺼내는 것이 아니라
꺼낸 고통 위에 소금이 뿌려졌던 경험이
상처를 꺼내지 못하게 한다.
그래서 이중 삼중으로 안전하다는 느낌이 들기 전까지
상처를 다시 꺼내기가 어렵다.
심약한 사람들만 그런 게 아니라 누구나 그렇다.

사람을 결정적으로 무너뜨리는 건
원래의 상처 그 자체보다
그 상처에 대한 주위 사람들의 부정적인 반응이다.

_ 292~293쪽

Paysage du Midi, 1923

_____ 내가 누군가에게 속말을 하지 못하는 건 내게 피해의식이 있어서가 아니라 피해경험 때문일 수도 있다. 누군가가 내게 자기 속말을 털어놓지 못한다면 내가 그에게 아직은 안전한 사람이 아닐 수도 있다.

아픈 기억의 습격에서

안전하다는 느낌만 있으면
상처받은 사람은 어떤 얘기보다도
그 얘기를 하고 싶어 한다.
자기 얘기를 잘 들어줄 것 같은 기미가
조금이라도 보이는 사람을 만나면
낯선 상황이나 낯선 사람이라도
어떤 식으로든 그 말을 꺼내는 경우가 많다.
이해받고 위로받고 싶어서다.
공감을 받고 그 상처를 털어낼 수 있어야만
머릿속에서 자기 상처가 반복적으로 떠오르는
'아픈 기억의 습격' 속의 삶에서
탈출할 수 있다는 걸 본능적으로 느껴서다.

_ 292쪽

나에게 안전한 사람은 누구인가?

나는 누구에게 가장 안전한 사람인가?

탈진의 시간

상처를 누르며 지내는 시간은 혼돈의 시간이다.
애와 증, 분노와 자책 사이를
시계추처럼 오가는 탈진의 시간이다.
널뛰는 감정에 휘둘리다보면
방법만 있다면 그 시간을 끝내고 싶은 마음뿐이다.
상처를 다 드러내고 살 수 있을까.
물론 아니다. 그럴 수도 없고 그럴 필요까진 없다.

그런데 억누르고 살아야 성숙한 사람이라는 편견 때문에
상처를 지나치게 억눌러서 문제가 되는 경우가 많다.
억누르려고 해도 두더지처럼 튀어 오르거나
시간이 갈수록 더 또렷해지는 고통도 많다.
결국 어른스러움에서 더 멀어지는 삶을 살게 된다.
그런 경우는 상처를 꺼내고 해결해야 한다.
그래야 삶을 제대로 살 수 있다

_ 158~159쪽

마음과 행동은 별개

사람의 감정은 항상 옳다.

사람을 죽이거나 부수고 싶어도 그 '마음'은 옳다.

그 마음이 옳다는 것을 누군가 알아주기만 하면

부술 마음도, 죽이고 싶은 마음도 없어진다.

비로소 분노의 지옥에서 빠져나온다.

만약 그이가 실제로 부수고 누군가를 해코지하는

'행동'을 했다면 그래도 옳은가.

자해하는 행동을 했다면 그래도 옳은가.

사람의 마음이 옳으니

그이의 파괴적 행동과 판단도 옳은가.

아니다.

사람의 감정은 늘 옳지만

그에 따른 행동까지 옳은 건 아니다.

별개다.

_ 175쪽

The heart, 1947

_____ 용납할 수 없는 행동을 한 사람도 공감할 수 있다. 행동 이전의 그의 마음까지만 온전히 수용하면 된다. 공감의 정확한 타깃은 존재의 핵심인 마음, 감정이다.

용납할 수 없는 행위의 당사자는 행동 뒤의 자기 마음을 온전히 공감받으면 행위에 대한 책임을 홀가분하게 기꺼이 받아 안는다. 현장에서 수도 없이 경험한 일이다.

불안을 알아주기

나의 지금 감정이 공감받지 못하는데
그 앞에서 과거의 상처를 꺼낼 수는 없는 일이다.
지금 여기의 감정이 공감받지 못하면
그다음 이야기로 넘어갈 힘이 생기지 않는다.
"지금 말하면서 힘들진 않니? 맘이 편치 않은 건 아니니?"라고
불안을 먼저 알아주고 짚어줘야 한다.

현재 느끼고 있는 불안을 알아준다는 건
내 존재 자체에 초집중하고 주목해 주는 사람이란 뜻,
내 존재를 조건 없이 그대로 다 수용해 주는 사람이란 의미이다.
그런 사람을 만났다는 느낌이 들어야
사람은 비로소 안전하다는 느낌을 갖는다.
그래야 자기 상처를 충분히 드러낼 수 있다.

_ 162~163쪽

내 상처가 '나'가 아니다

어릴 때부터 부모에게 맞고 살아온 사람이
누구에게도 말하지 못한 내밀한 자기 이야기를 꺼내는 것도
존재 자체에 대한 이야기가 아닐 수 있다.
부모에게 맞던 그 아이가 느꼈던
무력감이나 수치심에 대한 이야기가
그의 존재 자체에 더 가까운 이야기다.

내 상처의 내용보다
내 상처에 대한 내 태도와 감정, 느낌이
내 존재에 관한 이야기다.
내 상처가 '나'가 아니라
내 상처에 대한 나의 느낌과 태도가 더 '나'라는 말이다.

_ 113쪽

답은 밖에 있지 않다

사람 마음은 외부에서 이식된 답으로는
절대 정돈되지 않는다.
답은 밖에서 오지 않고
언제나 내 안에서 발견돼야 내게 스미고 적용된다.
내가 처한 상황의 실체, 자기 마음의 실체를
하나하나 또렷이 보고 느끼면서
내 상황에 대한 심리적 조망권을 확보해야만
마음이 정돈되기 시작한다.
온몸, 온 마음으로 느끼는 것이
진짜 아는 일이다.
그렇게 알아야만 혼돈에서 벗어날 길이 보인다.

_ 160~161쪽

내 감정이 자극될 때

"힘들어하는 친구의 얘기만 들어도
그 감정이 전이돼서 너무 힘든데
어떻게 그 일을 계속 하세요?"
사람들에게 가장 많이 받는 질문이다.
상대방의 힘든 이야기를 듣다가 같이 힘들어지는 건
나의 심리적 면역체계가 깨어진 틈새로
상대의 고통이 이물질처럼 들어와
내 혈류를 타고 패혈증처럼 온몸으로 퍼지는 경우다.
내가 심리적으로 건강할수록
나의 심리적 면역체계가 튼실할수록
나를 지키면서 극한의 내상을 입은 사람을 공감할 수 있다.
내 상처와 약점, 콤플렉스들에 대해 성찰하고 또 성찰하며
나의 심리적 면역체계를 점검해야 하는 이유다.

_ 195쪽

내 문제가 해결되지 않으면

누군가의 속마음을 듣다
자기 약점이나 콤플렉스가 자극되어 떠오르면
버선발로 뛰어나가서 반겨야 한다.
내 지난 세월을 누군가에게 다시 이야기하는 과정을 통해서
나도 동시에 공감받을 수 있어야 한다.
그러지 않으면 상대방의 얘기를 들으며
그에 대한 얘기를 하는 자리라도
무심결에 계속 자기 얘기를 하게 된다.
상대방 걱정을 한다면서도
사실은 지난 시절 자신의 상처와 불안, 회한을
무한 반복하게 된다.
내 문제가 먼저 해소되지 않으면
상대를 제대로 볼 수도, 만날 수도, 이해할 수도 없다.

_ 283쪽

아파도 계속 말할 수 있다

안전하게 공감받으며
자기 상처를 꺼내어 말하는 사람이 느끼는 통증은
병든 사람의 통증이 아니라 회복 중의 고통이다.
말하면서도 사람은 그 아픔이 가벼워지는 과정의 아픔이라는 걸
감지한다. 그래서 아파도 계속 말할 수 있다.
상처가 떠오르고 통증이 시작되는 동시에
빛의 속도로 상처 위에 쏟아지는 공감의 치유력에 의해
상처는 새 살로 채워진다.
공감은 상처를 더 과감하게 드러낼 수 있게 만들고,
제대로 드러난 상처 위에 빠르게 스며드는 입체적인 치유제다.

_ 166쪽

내가 예민해서

'내 성격 때문에 그간 외롭게 살았다.'
외롭게 산 것은 예민한 성격 때문이 아니라
예민한 성격을 잘못된 성격, 좋지 못한 특성이라
규정당하고 공감받지 못한 채 위축돼서 살아서일 수도 있다.
그렇지 않았다면 예민하면서도 당당하게 잘 살았을 것이다.

_ 283쪽

진심 어린 사과

부모로부터 진심 어린 사과 한마디를 듣고 싶었다.

_ 245쪽

속마음 털어놓는 이들로부터 사흘마다 한 번은 듣게 되는 이 말.
꾹꾹 삼키는 울음과 항상 함께인 이 말.
세상 모든 부모에게 대신 전하고 싶은 이 말.

도대체 얼마나 힘들었니?

아이의 고통을 알게 된 순간
엄마가 할 일은 아이에게 먼저 묻는 것이다.
"엄마 아빠가 싸울 때 네 마음은 어땠던 거니?
도대체 얼마나 힘들었니?"
이렇게 물어야 한다.
그래야 그간 놓치고 잃어버렸던
내 아이를 찾을 수 있다.

_ 83쪽

그 한마디

부모의 사과 한마디를 듣고 싶어서
평생 엇나가며 폭발하는 사람은 봤어도
사과를 받고 나서
잘못된 사람은 본 적이 없다.

_ 294쪽

Tête de fillette, 1917

늦더라도 사과의 부작용은 없다. 다만 사과한 사람이 사과를 받는 사람에게 용서를 강요해서는 안 된다는 걸 아는 건 중요하다. 사과를 받고 용서를 하느냐, 마느냐는 사과받는 사람의 몫이자 권리다. 진심 어린 사과를, 구체적으로 진지하게 하는 것. 거기까지가 사과하는 사람의 영역이다.

엄마는 그러면 안 되지

『당신이 옳다』를 읽고 어느 신부님이 책의 한 구절을 가사 삼아 노래를 만들어주셨다.

"엄마는 그러면 안 되지,
내가 왜 그랬는지 물어봐야지.
선생님도 혼내기만 해서 얼마나 속상했는데.
엄마는 나를 위로해 줘야지.
그 애가 먼저 나한테 시비를 걸었고,
내가 얼마나 참다가 때렸는데.
엄마도 나보고 잘못했다고 하면 안 되지."

실제 전해 들은 아이의 육성이다. 울면서 했다는 아이의 이 말은 공감의 개념을 간명하게 정의한다. '공감의 헌장'이라 해도 손

색이 없다. 그래서 인간의 어떤 부분을 섬세하게 통찰하는 성직자인 신부님도 이 부분을 발췌했을 것이다. 상처와 훼손이 반복되는 일이 아이에서 어른이 되는 과정이라면 어른이 되기 전까지의 '아이' 사람은 이렇게 공감의 원리를 밥 먹듯 꿰뚫고 사는 존재들이다. 아이는 세상에 대해선 잘 알지 못해도 사람 마음에 대해선 어른처럼 세련되게 비틀리거나 꼬이지 않았다. 본능적으로 정확하게 안다.

재미난 경험을 했다. 『당신이 옳다』 북토크 현장에서 가사에 대한 설명과 함께 이 노래를 들려주면 그렇게들 운다. 수백 번의 현장에서 예외 없이 거의 모든 어른이 울었다. 상황이나 형편도 다르고 각자 아이와의 관계도 다를 텐데 왜 약속이라도 한 듯 어른들은 모두 눈물을 흘리는 걸까. 내가 생각하는 눈물의 이유는 이렇다.

첫 번째는 아이의 저 말이 현실의 내 새끼가 내게 한 말과 거의 같아서 그러지 않았을까. 노랫말로 들은 아이 말에서 오늘 아침 내 아이 앞에 섰던 내 모습, 일 년 전의 내 모습이 보였을 수 있다(가해자 마음에 감정이입). 내 앞에서 울며 이 말을 하는 내 아이의 눈빛을 마주한 느낌일 수도 있다. 어른들은 기질도 다르고 살아온 개인의 역사나 처한 환경도 다르고 MBTI가 달라도 아이 앞에서는 거의 한 얼굴이 된다.

두 번째는 아이의 마음을 너무나 알 것 같아서 아니었을까. 어른인 자신도 아이의 그런 마음을 느껴 봤을 테니까. 내 부모 앞에서 혹은 내 배우자 앞에서 아니면 상사 앞에서 나도 그런 서러움을 겪은 적이 있지 않나(피해자 마음에 감정이입). 완전히 아물지 않았던 내 상처의 현장이 아이의 저 말에 훅 찔려서 눈물이 터졌을 수도 있다.

세 번째는 가해자 격인 어른인 나와 피해자 격인 아이 심정에 깊이 공감하는 마음, 그 둘 사이의 간극을 느끼며 흘리는 성찰의 눈물이 아니었을까. 난 얼마나 더 살아야 양 갈래 마음 사이를 오가는 삶을 멈출 수 있을까. 그렇게 초라한 자기 모습에 무릎이 풀리는 느낌. 그에 수반되는 자기에 대한 원망과 안쓰러움의 눈물.

　　그밖에 다른 여러 이유로도 사람들은 울었을 것이다. 우는 이유가 무엇이든 나는 우는 어른들을 열렬히 응원한다. 자신을 돌아보며 흘리는 부끄러움의 눈물이든 오래전에 손 놓았던 상처 입은 내 맘을 덥석 잡아주는 손을 만나서 쏟아진 눈물이든 아니면 두 마음 사이를 갈대처럼 오가는 자신에 대한 실망의 눈물이든 그 어떤 눈물이든 당신의 눈물은 옳다. 더 자주 더 많이 울라고 독려하며 나는 그 눈물들의 뒷배가 될 작정이다.

　　눈물은 서로 나뉘어져 있던 마음 조각들을 한데 모으고 보듬고 사랑스럽게 뭉치게 하는 힘이 있다. 뿔뿔이 흩어져 살다 기어이 한집에 모여 살게 된 이산가족처럼 흩어졌던 마음 조각들을 하나로 감싸 안는다. 눈물은 접착력이 강력한 풀이며 용광로다.

　　울 수 있으면 희망이 있다. 우는 어른들을 볼 때면 나는 더 힘이 난다. 울컥 이게 사랑이구나, 이게 사람이구나 싶다.

나를
공감하는 시간

네 번째 걸음   너도 있지만 나도 있다

사람과 사람 사이

국가 간에는 국경이 있다.
국경에는 중무장을 한 군인들이 엄중하게 경계를 선다.
국경이 튼튼해야 국민들이 안심하고
저마다의 삶을 살아갈 수 있어서다.

국가 간의 국경처럼
사람과 사람 사이에도 경계가 존재한다.
사람 사이의 경계에도 엄중한 경계가 필요하다.
그런데 사람 사이의 경계는
눈에 보이지 않아 이를 인식하는 것조차 어렵다.
사람 간의 경계를 인지할 수 있어야만
나도 지키고
본의 아니게 내가 상대를 침범하는 어리석음을 단속할 수 있다.

_ 188쪽

개별적인 존재들

사람은 각각 모두 고유하고 개별적인 존재들이다.
나는 나 아닌 다른 사람과 전혀 다른 개인의 역사를 가진다.
성격과 기질도 다르다.
심지어 일란성 쌍둥이나 샴쌍둥이도 그렇다.
말투나 심성, 취향이나 취미, 식성이 다 다르다.

_ 187쪽

사람에 대한 무지

'우리 세대는… 우리 T(혹은 F)들은…' 등
'우리'로 시작되는 이야기는
내 마음, 내 느낌과 감각 등
고유하고 개별적인 존재로서의
내 육성에 접근해 가는 것을 차단한다.
다양하게 깎인 수많은 입체적인 면면들 때문에
빛이 드는 방향에 따라 빛깔과 분위기가 달라지는
예각의 크리스탈 조각 같은 존재가 사람이다.
그런 각각의 존재들을 집단적 정체성이라는 둔각으로 뭉개는 일은
자신에 대한 폭력인 동시에 자기 은폐나 억압,
사람이란 존재에 대한 무지다.

_ 259쪽

보이지 않는 경계

자신의 경계가 침범당해서 피를 철철 흘리고 있으면서도
내가 왜 아픈지도 모르는 경우가 많다.
반대로 내가 타인의 경계를 침범해서 훼손하고 있는데
그걸 인식하지 못하는 경우도 흔하다.
본인이 가해자란 사실조차 모른다.
사람 사이의 경계는 눈에 보이지 않아서다.
사람 사이의 경계를 지키려면
나와 너의 관계에서
어디까지가 '나'이고 어디부터가 '너'인지
경계를 인식할 수 있어야 한다.

_ 188~189쪽

경계 침범 신호

상대방의 주권을 인정하지 않는 행위는
경계를 침범하는 행위다.
주권이 훼손되면
사람은 모욕감, 모멸감, 수치심과 함께
그로 인한 분노가 생긴다.
이런 감정들이 올라온다면
내 경계가 침범당하고 있다는 신호다.

_ 189쪽

나는 언제 수치심이나 모욕감을 느꼈었나?

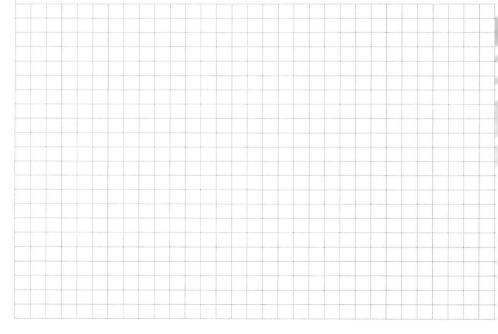

191

엄마의 과제

모든 존재는 존재 자체로 독립적이고
온전한 심리적 메커니즘을 가진다.
딸의 남자친구가 자신의 마음에 안 차도
딸의 남친이 딸의 남편이 되고, 자신의 사위가 되면
엄마인 그녀의 마음과 판단은 또 달라질 수 있다.
사람은 관계와 상황이 달라지면 그에 영향을 받고 적응해서다.
적응은 인간의 본성이다.

끝내 적응하지 못한다 하더라도
그로 인한 불행감은
엄마인 그녀 스스로가 감당해야 할 자기 몫이다.
그것이 딸과 그녀 사이의 경계를 명확하게 인식할 때
펼쳐지는 관계의 풍경이다.

_ 191쪽

경계 인식

나와 너의 관계에서
어디까지가 '나'이고 어디부터가 '너'인지
경계를 인식할 수 있어야 한다.

지금 이 순간은
너를 공감해야 할 때인지
내가 먼저 공감을 받아야 할 순간인지
분간을 해야 할 때가 있다.
경계에 대한 인식이 분명해야
공감의 정확성이 높아진다.

_ 189쪽

너는 없고 나만 있는 상태

공감이란 나와 너 사이에 일어나는 교류지만
계몽은 너는 없고 나만 있는 상태에서 나오는
일방적인 언어다.
나는 모든 걸 알고 있고 너는 아무것도 모른다는 것을
전제로 하는 말들이다.
그래서 계몽과 훈계의 본질은 심리적 폭력이다.
마음의 영역에선 그렇다.

_ 304쪽

게으른 시선

경계에 대한 인식 부재가
관계를 망가뜨리는 경우가 많다.
"얘는 딱 자기 아빠야,
얘는 딱 어릴 적 나야,
얘는 나랑 정반대야…"와 같은 말들은
내 아이를 부모와의 연결 속에서만 바라보고 있다는 점에서
나와 '내가 아닌 너'를 구분하지 못하는 사람의 언어다.
자식을 바라보는 게으른 시선이다.
사람을 바라보는 이런 게으른 시각은
큰 둑의 작은 구멍이다.
결국 관계의 둑 전체를 무너뜨린다.

_ 208쪽

자기중심

누군가에게 공감자가 되려는 사람은
동시에 자신의 상처도 공감받을 수 있어야 한다.
공감하는 일의 전제는 공감받는 일이다.
자전하며 동시에 공전하는 지구처럼
공감은 다른 사람에게 집중하는 동시에
자기도 주목받고 공감받는 행위다.
타인을 구심점으로 오롯이 집중하지만
동시에 자기중심을 한순간도 놓치지 않아야 가능하다.
누군가의 아픔을 듣는 공감자도 듣는 과정에서
다시 자신의 상처가 덧나거나
새롭게 상처를 입을 수 있는
연두부 같은 존재라는 걸 잊지 않아야 한다.
공감자와 상처 입은 사람이 따로 있지 않다.
둘 다 본질적으로는 상처 입은 인간이다.

_ 197쪽

나는 항상 그래야 하는 사람?

어떤 기간 동안, 어떤 특정 맥락과 상황 속에서는
내가 참아주고 견딜 수도 있지만
나는 항상 그래야 하는 존재,
그럴 수 있는 존재가 아니라는 사실,
'너도 있지만 나도 있다'는
자기에 대한 감각이 살아있어야 한다.
나와 너를 동시에 공감하는 일은
양립 불가능한 일이 아니다.
'나와 너 모두에 대한 공감'의 줄임말이 '공감'이다

_ 202쪽

자기 보호

공감은 상대를 공감 '해주는' 일이 아니다.
내 상처가 공감받는 것에 예민하지 못하면
누군가를 공감하는 일에 대한 감각을 유지하기 어렵다.
나와 너, 양방을 공감하지 못하면
어느 일방의 공감도 불가능한 것이
공감의 오묘한 팩트다.
그래서 공감은 너도 살리고 나도 구한다.
그래서 공감은 치유의 온전한 결정체다.
이 온전함의 토대는 오로지
자기 보호에 대한 감각에서 시작되고 유지되며
자기 보호는 자기 경계에 대한 민감성에서 시작된다.

_ 197쪽

La famille du peintre, 1911

_____ 공감하다 번아웃 되었다고 느끼면 즉시 멈춰야 한다. 그런 때의 공감은 공감 강박일지도 모른다. 공감 강박에 빠진 '나'부터 돌봐야 한다. 그런 것이 자기 경계에 대한 민감성이다.

헌신

경계가 무너지면 많은 것을 희생하고도
오히려 비난과 공격을 더 받게 된다.
부모 자식 간에만 국한되는 문제가 아니다.
배우자나 연인, 친구 사이에서도 흔한 일이다.
'헌신성'이란 덕목은 의외로
사람과 사람 사이의 경계를 쉽게, 소리 없이 허문다.

_ 206쪽

감정 노동

모든 사람과 원만하게 지내는 일은 불가능하다.
모든 사람에게 공감적인 사람도 불가능하다.
그런 사람이 있다면
그는 공감자가 아니라
혹독한 감정 노동으로
웃으며 스러지고 있는 사람일 가능성이 높다.

_ 178쪽

내가 노력하면 알아주겠지

자기 경계를 허물면서
상대방의 도구가 기꺼이 돼주는 사람의 희망과 기대는
번번이 좌절될 수밖에 없다.
'내가 그렇게까지 애쓰면 그래도 고마워하겠지,
내 노력을 알아주겠지' 하는 기대가
물거품이 되는 건 자연스러운 결말이다.
자신을 스스로 투명인간 취급하는 것에
거부감이 없는 사람은
상대방의 인식 속에서도 사라지기 때문이다.
그가 나를 의식할 수 있도록 내 존재감을 드러내야 한다.
그의 인식 속에 내 존재감이 생겨야만
그와 나의 관계에서 일관되던 그의 일방성에 제동이 걸린다.
그가 나를 의식해야 그의 일방성이 주춤하기 시작한다.
비대칭적이고 일방적인 관계가
대칭적이고 상호적으로 서서히 변한다.

_ 212쪽

먹고살기 위해서라도

그나마 남은 관계도 몇 안 되는데
그럴 때마다 관계를 끊으면
어떻게 먹고사느냐고 생각할지 모른다.
그렇지 않다.
먹고살기 위해서라도 끊어야 한다.
먹고사는 힘은 자기를 지켜내는 힘에서 만들어진다.
자기 학대와 모멸을 스스로에게 강제하는 사람은
끊임없이 자해하는 사람이다.
국경을 침범한 사람이 무서워
비위를 맞춰주며 살아야겠다고 생각하는 사람이다.
잠시는 목숨을 부지할 수 있지만
속국의 국민으로 비참한 삶만이 기다릴 뿐이다.

_ 213쪽

모든 사람은 갑 대 갑

경계란 개념은 이상향이 아니라

구체적이며 현실적이고 실용적인 것이다.

사회적 관계에서는 너와 나를 갑과 을로 나눌지 모르지만

심리적으로 모든 사람은 갑 대 갑이다.

너와 나의 관계 전체가

갑과 을 같은 사회적 관계로

결정되는 것이 아니라는 점만 인지할 수 있어도

갑을 관계를 갑갑의 관계로 바꿀 수 있다.

_ 210쪽

심리적 갑을 관계

성인 간의 관계에서는
내가 감당해야 할 몫이 있지만
나만 잘한다고 되지 않는다.
상대가 감당해야 할 몫도 있다.
그것까지 내가 짊어질 이유는 없다.
너도 있지만 나도 있다.

어떤 관계에서든 납득할 수 없는
심리적 갑을 관계가 일방적이고 극단적으로 계속된다면
이런 관계를 끊을 수 있는 것이 더 건강하다.
부모-자식 간이라도 마찬가지다.
아니 거기서부터 시작되어야 한다.
기울어진 심리적 갑을 관계의 원초적 시작점이 그곳이라서다.
어떤 관계에서도 내 경계, 내 위엄, 내 건강성을 지켜야만
나중을 기약할 수 있다.

_ 179쪽

관계의 본질

관계가 유지되는 것은
그 관계가 기쁨과 즐거움이거나
배움과 성숙, 성찰의 기회일 때다.
그것이 관계의 본질이다.
끊임없는 자기학대와 자기혐오로 채워진 관계에서
배움과 성숙은 불가능하다.
자기학대와 자기혐오가 커질 수밖에 없는 관계라면
그 관계는 끊어야 한다.
관계를 끊으면 그때서야 상대방도 자기를 돌아볼 수 있는
최소한의 계기가 만들어진다.
그런 계기로 삼지 못해서 결국 대가를 치르게 되어도
그건 그의 몫이다.
누구도 대신해 줄 수 없다.

_ 213~214쪽

나도 있고 너도 있다

우리나라 사람들이 가족, 친구 등 개인적인 관계에서 느끼는 부정적 감정 중 가장 빈번하게 나타나는 감정은 자책감('툭하면 내 탓')이다. 자책감까지 번지기 이전의 단계는 과도한 자기검열인데 이 또한 상담실 밖에서 밥 먹듯 접하는 내 이웃과 지인들의 내면 풍경이다.

먼저 자책감. 자책감은 부모보다는 자식, 상사보다는 부하직원처럼 약자들의 전유물인 듯 보이지만 아니다. 남들 눈에는 엄청 높은 지위에 있는 것 같아도 그 위에 절대 강자가 단 한 명이라도 있으면 그는 너무도 쉽게 약자가 된다. 남보다 상대적으로 높은 지위란 게 별 의미가 없다는 말이다. 대기업의 팀장보다 그 회사의 부회장이 '자책'이라는 측면에선 절대적 약자일 수도 있다. 바로 위의 최상위 권력이 핵폭탄급이니까. 팀장 위의 권력은 그만한 위력이 있진 않으므로.

　　자책감은 책임질 일을 실제로 했는지 여부와는 별 상관이 없다. 심리적으로 위축될수록 커진다. 가장 많이 희생하고도 가장 큰 자책감을 가질 수 있다. 소시민이든 권력자든 위부터 아래까지 기승전 '자책감'을 가지기 쉬운 구조다.

　　일반화된 자책감은 과도한 자기검열에 가산점을 부여하는 사회적 공기 탓도 있다. 과도한 자기검열을 성숙의 징표나 사람의 도리로 좋게 봐준다. 그러다 보니 과한 자기검열도 간단하게 자기합리화하며 퉁치고 외면하게 된다.

　　얼핏 의아할 수도 있다. 우리 주변에 자기검열 기능이 작동하지 않아 주위 사람만 스트레스받고 정작 본인은 스트레스를 안 받는 인간이 얼마나 많은데. 명백한 잘못에도 자책은커녕 더 뻔뻔하게 들이대는 인간 군상들은 또 얼마나 많고. 과도한 자기검열이 무슨 문제라고. 그 심정 안다.

하지만 관계에서의 성찰은 나와 너 모두를 번갈아 가며 동시에 보는 일이다. 너는 상수(常數)로 고정해 놓고 나만 변수(變數)로 인식하는 건 성찰이 아니다. 너라는 존재에 대한 시선은 거두고 자신에게만 불을 켜고 살피는 일의 끝은 자책과 죄책감 지옥이다. 그건 성찰이 아니다. 오히려 성찰의 실패다.

과도한 자기검열은 나는 '내 탓' 지옥에 빠뜨리고, 상대는 '남 탓' 괴물로 만드는 길이다. 나뿐 아니라 상대방까지 망치는 나쁜 기운이다. 과도한 자기검열은 남 탓이라는 독버섯을 번성케 하는 최고의 숙주다.

나, 밀리지 말아야 한다. 그러다 오버할 수도 있지만 괜찮다. 밀리다가 밀리지 않으려고 오버하기를 반복해야 한다. 그러다 보면 나와 너 사이 균형점에 대한 감각이 생긴다. 그렇게 시계추처럼 오가다 보면 알게 된다. 그게 나도 보호하고 상대방도 망치지 않는 자기 성찰이다.

  오늘도 죄책감에 빠져있는 수많은 '나들'에게 간곡하게 다
시 전한다. 우리, 밀리지 말자.

나를
공감하는 시간

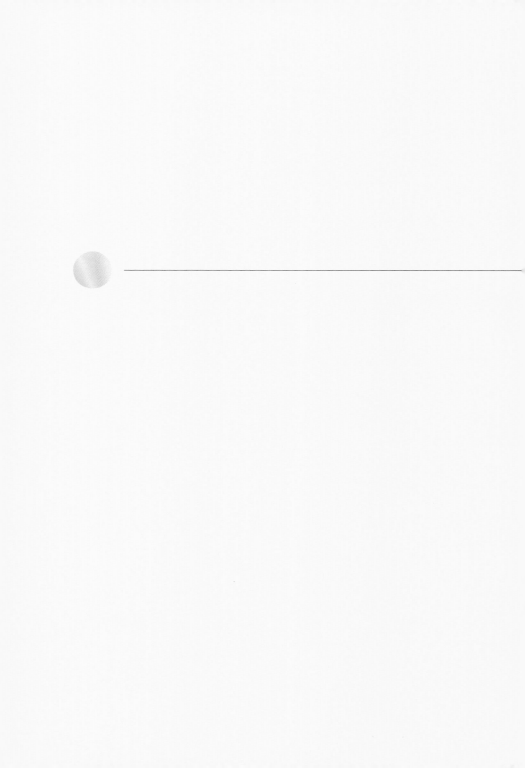

다섯 번째 걸음 공감은 함께 제자리뛰기

한 걸음 한 걸음 걸으며

공감은 다정한 시선으로 사람 마음을
구석구석, 찬찬히, 환하게 볼 수 있을 때
닿을 수 있는 어떤 상태다.
사람의 내면을 한 조각, 한 조각 보다가
점차로 그 마음의 전체 모습이 보이면서
도달하는 깊은 이해의 단계가 공감이다.
그 상황을, 그 사람을 더 깊고 자세하게 알수록
상대를 더 이해하게 되고
더 많이 이해할수록 공감은 깊어진다.
그래서 공감은 타고나는 성품이 아니라
내 걸음으로 한발 한발 내딛으며 얻게 되는 무엇이다.

_ 133쪽

제대로 된 공감

가슴 아픈 사연을 전하는 뉴스나 슬픈 영화를 보다가
눈물이 난다고 공감 능력이 높은 게 아니다.
자식을 잃은 친구를 오랜만에 만난 자리에서
"시간이 지나니 이젠 좀 괜찮아졌나 봐.
생각보다 얼굴이 밝아서 다행이야…"라며 인사를 건네는 행위가
때론 당사자에게 2차 가해가 될 수도 있다는 것을
알아야 공감이 가능하다.
그럴 때 친구는 세상 사람들에게
자신이 아이를 잃고도 잘 살아가는
'차가운 엄마, 엄마 같지 않은 엄마'로 보이면 어떡하나
두려움을 느낄 수 있다.
그렇게 보이는 자신에 대해 죄책감을 더 느낄 것이다.
악의가 없어도 얼마든지 타인에게 상처를 줄 수 있다.
그래서 공감은 배워야 할 수 있는 것이다.

_ 132~133쪽

내 고통을 드러냈을 때

사람들은 누가 죽고 싶다는 말을 했을 때
그 마음에 대해 자세히 묻는 것은
상대의 고통을 더 자극하는 행위라 여긴다.
아니다. 정반대다.
고통 속에 있는 사람이
가장 절박하게 원하는 이야기가 바로 그 고통 이야기다.
심각한 내 상처를 드러냈을 때
내 마음과 내 상황에 깊이 주목하고 물어봐 준다면
위로와 치유는 이미 시작된다.
무엇을 묻느냐가 아니고
나에게 집중하고 나의 마음을 궁금해하는
사람이 존재하는 것 자체가 치유다.

_ 88쪽

관계의 시작

공감은 내 생각, 내 마음도 있지만
상대의 생각과 마음도 있다는 전제하에 시작한다.
상대방이 깊숙이 있는 자기 마음을 꺼내기 전엔
그의 생각과 마음을 나는 알 수 없다는 데서 시작하는 것이
관계의 시작이고 공감의 바탕이다.

_ 277쪽

Interior with two figures, open window, 1922

누군가 자기 속마음을 이야기하기 시작했을 때는 내가 해주고 싶은 말이 떠올랐어도 그가 최소한 열 개의 문장을 더 말할 때까지 기다려보는 게 좋다. 열 숨을 머금고 기다리다 보면 애초에 하려던 내 이야기가 전혀 쓸모없는 이야기였다는 걸 알게 된다. 그 이야기를 하지 않길 참 잘했다고 안도하게 된다. 해보면 안다.

끝까지 이해하려는 태도

모든 인간은 각각 개별적 존재,
모두가 서로 다른 유일한 존재들이다.
똑같은 상황에서도 같은 감정을 갖지 않는다.
다 다르다.
그러므로 네가 느끼는 것을 부정하거나
있을 수 없는 일, 비합리적인 일이라고
함부로 규정하지 않고 밀어내지 않는 것이 공감이다.
그의 속마음을 알 때까지
끝까지 집중해서 물어봐 주고
끝까지 이해하려는 태도 그 자체가 공감이다.

_ 280쪽

속마음을 꺼낼 때

누군가 자기 속마음을 꺼낼 때
그의 상황을 구석구석 잘 볼 수 있도록 거울처럼 비춰주면
상황은 빠르게 파악되고 이해된다.
이해가 되면 그에 합당한 감정과 공감이 절로 일어난다.
또 그것을 말하는 이에겐
자신을 소중하게 대하는 사람의 눈길을 확인하는 과정이다.
그의 마음을 구석구석 비춰주는 것은
그의 존재 자체에 집중하고 주목하고 있다는 의미다.
그 행위 자체가 다정한 공감이고 치유다.

_ 135쪽

정확하게 듣다

공감은 그저 들어주는 것,
인내심을 가지고 들어주는 것이 아니라
정확하게 듣는 일이다.
'정확하게'라는 말은 대화의 과녁이
분명히 존재한다는 뜻이다.
공감에는 과녁이 있다.

공감은 말의 내용이
따뜻한가 아닌가가 핵심이 아니다.
그 말이 궁극적으로 어디를 향하고 있는지,
그 말이 어디에 내려앉는 말인지가 더 중요하다.

_ 140, 148쪽

먼저 모르고 있다는 것을 인정하기

벼랑 끝에 선 사람에게
나는 어떤 말을 해줘야 하는가.
결론적으로 해줄 말이 별로 필요치 않다.
그때 필요한 건 내 말이 아니라 그의 말이다.
그의 존재, 그의 고통에 눈을 포개고
그의 말이 나올 수 있도록
내가 그에게 물어줘야 한다.
무언가 해줘야 한다는 조바심을 내려놓고
지금 그의 마음이 어떤지 물어봐야 한다.
사실 지금 그의 상태를 내가 잘 모르지 않는가.
물어보는 게 당연하다.
내가 잘 모르고 있다는 것을 자각하고 인정한다면
그에게 물어볼 말이 자연히 떠오른다.
"지금 네 마음이 어떤 거니?"
"네 고통은 도대체 어느 정도인 거니?"

_ 115쪽

공감 강박

잘 모를 때는 아는 척 끄덕끄덕하지 말고
더 물어야 한다.
이해되지 않는 걸 수용하고 공감하려 애쓰는 건
공감에 대한 강박이지 공감이 아니다.
에너지 소모만 엄청나다.
그렇게 계속 버티기는 어렵다.
이해할 수 없는 일을
무슨 수로 공감하나.

_274쪽

생각의 틈

적절한 질문을 몰라서 못하는 게 아니다.
궁금하지 않아서 질문이 떠오르지 않는 것이다.
궁금할 때 좋은 질문이 나온다.
궁금하려면 내가 내린 판단이 전부가 아닐 수 있다는
생각의 틈이 있어야 한다.
내 결론이 전부라는 생각만 하지 않는다면
궁금한 게 많고 물어보고 싶은 질문도 넘칠 것이다.

_ 275~276쪽

상대방을 존중하는 태도

혹시라도 질문을 잘못해서
상대방의 상처를 더 덧나게 하는 건 아닌가 싶어
주저하게 되는 경우가 있다.
그럴 때 보편적으로 활용할 수 있는 한 가지 방법은
"내가 잘 몰라서 그러는데……" 혹은
"내가 자세히 몰라서 너를 제대로 이해하지 못할까 봐
물어보는 건데……" 하는 단서를 달면 된다.
그 다음에 상대방의 상황, 마음에 대해
어떤 것이든 궁금한 것을 물어보면 된다.
상대방의 마음을 이해하고 싶고 존중하고자 하는
기본적인 내 태도만 명확하게 전달이 된다면
적절치 않은 질문을 하더라도 특별히 문제되지 않는다.

_ 136쪽

상대방의 감정과 똑같이 느끼는 것

상대방의 감정과 똑같이 느끼는 것이 공감인가.
공감을 잘한다는 건 상대와 똑같은 감정을
느끼는 상태까지 가야 하는 것인가.
아니다.
공감은 똑같이 느끼는 상태가 아니라
상대가 가지는 감정이나 느낌이 그럴 수 있겠다고
기꺼이 수용하고 이해하는 상태다.
그 상태가 되면 상대방 감정결에 바짝 다가가서
그 느낌을 더 잘 알고 끄덕이게 된다.
상대와 같은 감정을 느끼게 되는 경우도 있지만
안 되는 경우도 얼마든지 있다.
상관없다.

_ 278쪽

바른말은 의외로 폭력적

누군가의 속마음을 들을 땐
충조평판을 하지 말아야 한다.
충조평판의 다른 말은 '바른말'이다.
바른말은 의외로 폭력적이다.
나는 욕설에 찔려 넘어진 사람보다
바른말에 찔려 쓰러진 사람을
과장해서 한 만 배쯤은 더 많이 봤다.

_ 305쪽

내가 힘들었을 때 내가 나에게 했던 말들을 끄적여보라. 그 속에서 충조평판의 폭력을 가장 흔하게 목격하게 될 것이다. 동시에 내가 충조평판을 가장 많이 하는 가장 만만한 대상이 '나'라는 사실도 알게 될 것이다.

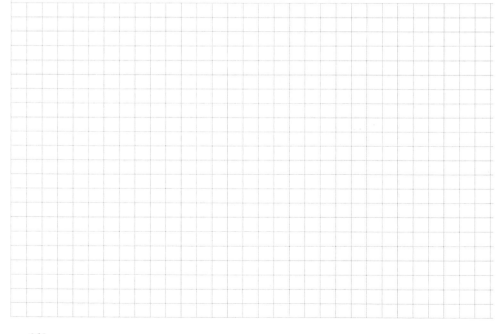

아이가 느껴야 사랑이다

부모인 내가 자식을 사랑했다고 해서 사랑이 아니다.
부모가 자신을 사랑하고 있다는 것을 아이가 느껴야 사랑이다.
사과도 마찬가지다. "난 사과했어"가 아니라
엄마인 내가 얼마나 미안해하고 가슴 아파하는지
아이가 느끼고 아이 마음에 스밀 때까지가 사과다.
제대로 못 알아듣는 것 같으면
붙들고 앉아서 다시 정확하게 사과해야 한다.
"엄마 맘이 이런 거야. 진짜야. 너한테 진짜 미안해. 그 맘만은 분명해.
엄마가 하고 싶은 말은 그거뿐이야."

_ 295쪽

거기까지가 사과다. 진심으로 사과했는데 반응이 미지근하거나 사과를 받아들이지 않았다고 불만을 가지면 선을 넘는 거다.
내 사과, 내 진심을 수용할지 말지 여부는 전적으로 상대의 몫이다. 그것을 강요하면 사과 안 하느니만 못하다. 심리적 폭력이 된다. 정확하게 최선을 다해서 사과하고 기다려야 한다. 거기까지 가야 비로소 사과가 완성된다.

고요히 가만히 있어도

공감은 쓰러지는 사람을 일으켜 세울 만큼
큰 힘이 되기도 하지만
동시에 그 힘은 그가 고요하게 가만히 있어도,
특별히 무언가를 하지 않아도
자기 자신만으로도 초조하지 않을 수 있는
차돌 같은 안정감의 형태로도 나타난다.
공감의 힘은 그렇게 입체적이다.

_ 151쪽

내 상처를 마주하는 기회

공감은 상대를 공감하는 과정에서
자기의 깊은 감정도 함께 자극되는 일이다.
상대에게 공감하다가
예기치 않게 지난 시절의 내 상처를
마주하는 기회를 만나는 과정이다.
이렇듯 상대에게 공감하는 도중에
내 존재의 한 조각이 자극받으면
상대에게 공감하는 일보다
내 상처에 먼저 집중하고 주목해야 한다.
스스로에게 따스하게 물어줘야 한다.

_ 128쪽

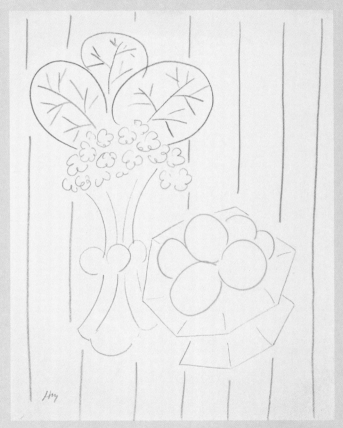

Fleurs et fruits, fond rayé, 1942-1944

비행기에 탑승하면 비상시 산소마스크 사용법을 안내한다. 노약자나 어린아이와 함께 타고 있는 경우 자신이 먼저 안정적으로 산소마스크를 착용한 후에 노약자와 아이에게 산소마스크를 씌워주라고.

공감의 이치도 같다. 내가 안정적이지 않은 상태에서 누군가를 도울 수 없다. 나를 먼저 돕는 것이 너를 가장 정확하게 돕는 길이다.

무작정 물에 뛰어드는 일

상대방은 힘들고 다급해 보이는데
내가 피곤하고 심란해서
공감하기 어려울 때도 있다.
이때도 우선은 자기 보호다.
자기 보호가 되지 않은 상태에서
상대가 힘들어 보인다고 개입하는 것은
수영을 하지 못하는 사람이 물에 빠진 사람을 보고
다급한 마음에 무작정 뛰어드는 것과 같다.
둘 다 불행해진다.

_ 201쪽

언제나 내가 먼저

언제나 나를 놓쳐선 안 된다.
언제나 내가 먼저다.
그게 공감의 중요한 성공 비결이다.
공감하는 일은 응급실 당직 의사처럼
상대에게 의무적으로 해야 하는 일이 아니다.
그럴 이유가 하나도 없다.
의무가 되면 결국 내가 먼저 나가떨어진다.
너를 공감하는 일보다 더 어려운 것이
나에게 집중하고 나를 공감하는 일이다.
대개는 여기서 걸려 넘어져 공감을 제대로 못하고,
사람 구하는 일에서 결정적으로 실패한다.
상대에게 더 집중하려고
자기 감정은 누르고 눈길조차 주지 않은 채
감정 노동에 시달리다가
작은 돌부리에도 걸려 나뒹굴게 된다.

_ 128쪽

수술은 잘됐는데 환자는 죽었다

일상으로의 복귀가 시대의 화두다. '12·3 계엄'이라는 희대의 사건을 겪으며 나와 이웃의 일상이 폭격당한 것처럼 무너졌던 충격적 경험을 했던 터라 더 그렇다. 일상이 무너지는 어떤 비상한 일(교통사고, 질병, 실패, 계엄, 이별 등)을 겪고 난 후 우리는 이전처럼 매일 일터로 출근하고 식구들과 가끔 함께 저녁을 먹는다. 주말이면 친구와 영화를 보거나 동호회의 일원으로 산악자전거도 탄다. 그러면 일상으로 복귀했다는 신호인가.

그럴 수도 있지만 아닐 수도 있다. 겉모습은 일상의 얼굴을 하고 있지만 실질적으론 아닐 수도 있어서다. 회식이나 취미, 운동 등 일상적 활동 자체가 일상이 아니라 일상을 나눌 수 있는 관계가 살아 있는 것이 일상의 핵심이다. 일상을 함께 나눌 사람이 있을 때 일상은

비로소 살아 움직인다. 일상은 '무엇을'의 영역이 아니라 '누구와'의 영역이다.

평생 영화 한 편 같이 보기 힘들 정도로 일만 하던 남편이 은퇴를 하자 아내와 크루즈 여행을 가고 싶어 했다. 길고 고단했던 일터에서의 항해를 마치고 마침내 일상으로 돌아온 남자가 이제부턴 제대로 살고 싶어서 선택한 일상이 아내와의 여행이었던 거다. 하지만 남편이 일만 몰두하던 시절을 통과하는 동안 여자에게 남편은 크루즈 여행을 함께 할 만큼 친밀한 일상의 동반자가 아니게 되었다. 남자는 깊은 빡침과 배신감에 몸을 떨었다.

남자는 제 앞가림 열심히 하며 살았고 가족과 주변 사람도 배려심 깊게 건사하며 사람 도리를 외면하지 않는 삶을 살았다고 자부했지만 용납할 수 없는 성적표를 받았다. 자부심 넘치는 삶의 결과가 낙제점이라니 당혹감과 좌절감을 피할 수가 없었을 것이다. 안타깝지만 흔한 풍경이다.

누구에게나 돌아올 일상은 반드시 필요하다. 그것 없이는 제대로 마감조차 할 수 없는 것이 우리의 삶이다. 하지만 진정한 일상은 함께 할 '누구'가 있을 때 가능하다. 어쩔 수 없이 일상에서 떠나 있을 때조차 그 '누구'를 상상하며 살아야 한다. 가꾸고 준비하고 있어야 한다. '누구'라는 닻 없이 항해만 지속하는 삶은 출렁이다 끝난다. 표류하다 종내 부서지기 십상이다. 그 관계의 대상이 사람이 아닌 반려동물일 때도 있다. 그래도 괜찮다. 다만 사랑스러운 그 아이들이 오작교가 되어 결국 '사람 누구'에게로 갈 수 있길 바란다.

'수술은 잘됐는데 환자는 죽었다'라는 의사들의 은밀한 농담이 있다. 수술의 목적은 사람을 살리는 것인데 수술을 성공적으로 잘 끝냈는데도 환자가 죽었다면 그때의 수술이란 무엇이었을까. 수술의 형식을 띤 행위였지만 수술의 본질을 잊은 집도의의 손기술이 사람을 놓친 경우일 수도 있다. 형식과 실질이 어긋나는 일은 수술실에서만 일어나지 않는다.

　잘 살았다고 믿어 의심치 않았던 직후에 무너진 그의 삶은 무엇이었을까. 잘된 수술 끝에 목숨을 잃은 환자처럼 본질을 놓쳐서일 것이다. 일상이란 어떤 활동을 통해서 도달하는 것이 아니다. 어떤 행위든 심지어 어떤 행위를 하든 안 하든 관계없이 누군가와 함께 깊은 관계를 유지하고 영위하는 과정 그 자체다. 그게 치유의 가장 기본 단위가 되는 일상 회복의 본뜻이다.

나를
공감하는 시간

여섯 번째 걸음 걸림돌을 넘어서

다정한 전사

공감이 필요한 순간에는
온 체중을 다 싣는 다정한 공감자여야 하지만
공감을 방해하는 사람이나 상황을 마주했을 때는
전사처럼 싸워야 한다.
그래야만 공감에 도달할 수 있다.
공감까지의 길목에는 여러 허들이 있다.
가족이나 타인의 몰이해, 무관심, 비난일 때도 있고
거대한 벽 같은 사회 구조적 문제가 허들인 경우도 있다.
상처 입은 당사자 자신이 공감의 허들일 때도 많다.
공감을 방해하는 허들이 무엇이든
그것을 만나면 단호하게 맞서 싸워야 한다.
그렇게 허들을 넘어설 수 있어야
홀가분하게 공감을 경험하고 자유를 얻는다.
그래서 공감자는 '다정한 전사'라야 한다.

_ 220쪽

타인의 경계 침범

자기 경계를 지키지 못하면
자기 보호도 못하지만 동시에
본의 아니게 타인의 경계를 침범하는
상대적인 가해자가 된다.

_ 190~191쪽

우리 삶의 고비들

자식을 잃은 부모의 슬픔이 어째서 우울증인가.
말기 암 선고를 받은 사람의 불안과 공포가 왜 우울증인가.
은퇴 후의 무력감과 허무, 피해의식이 어떻게 우울증인가.
학교에서 왕따를 경험한 아이의 공격적 충동이나 위축이
어떻게 우울증인가.
삶의 숙명으로부터 받은 고난도의 숙제들이고
서로 도우면서 넘어서야만 하는
우리 삶의 고비들이다.

_ 98~99쪽

Pleine mer, 1920

인문학적·철학적·사회적·문화적(종교가 심각하게 오염된 사회에 살다 보니 '종교적'이라는 말을 적다가 지웠다) 관점 등을 동원해서 총체적으로 봐야 할 우리 삶의 숙제들이 '우울증'이라는 모호하고 단순한 의학적 개념으로 대체되고 있다. 마치 세로토닌이나 도파민류의 신경전달물질만 장악하면 간단하게 돌파할 수 있는 것처럼 말한다. 기만이다. 무지갯빛보다 더 다양한 우리 삶을 '우울증'이라는 말로 납작하게 눌러놓아선 안 된다.

슬퍼하는 걸 나쁘게만 보지 않아도

"슬퍼하는 걸 나쁘게 안 봐줘서 다행"이라고
단짝 친구를 잃은 아이가 말했다.
이상하고 가슴 아픈 말이지만
잘 살펴보면 주변에서 드물지 않게 듣는 말이다.
"가족이 죽은 것도 아닌데 웬 오버야?"
"시간이 그만큼 흘렀으면 이젠 너도 일상을 찾아야지"
이런 말들은 친구 잃은 아이에게
슬퍼하는 걸 나쁘게 여기는 말들이었다.
그런 공기 속에서 살아가면서 우리는
슬퍼하는 걸 나쁘게 여기는 집단 무의식을 품게 된다.
이런 사회적 공기 속에서
내 정서적 욕구를 해소하고 충전받으며
삶의 동력을 확보하는 일은 전쟁일 수밖에 없다.

_ 230쪽

자기가 안티 세력

상처투성이로 누군가의 공감을 애타게 갈구하면서도
자기도 모르는 사이에
자기 자신이 공감을 막는 허들이 되기도 한다.
본인 스스로가 자기의 안티 세력이 되는 것이다.
그러면서 고통의 늪으로 빠져든다.
그럴 때 옆에 있는 공감자는 단호해야 한다.
체중을 실어 싸워줘야 한다.

_ 222쪽

징징거림

"내 마음을 한 번도
제대로 말하지 못한 것 같습니다.
주변 사람들 눈치를 살피면서
그들 마음에 들려고만 했습니다.
징징거리거나 불만을 토로하는 사람,
문제가 생기면 짜증부터 내는 사람들을
잘 이해할 수 없었습니다.
저는 자기 감정을 드러내는 것을
안 좋게 생각하는 사람이었습니다.
답답하게 느껴지고 한심하다는 생각이 먼저 들었습니다.
어리석게도 저는 제가 독립적이고 철이 빨리 들어
제 앞가림을 잘하고 살았다고 믿었습니다.
열심히 살아왔다고만 생각했습니다.
알고 보니 그게 아니었습니다."

_ 235쪽

Interior at Nice, 1919

———— 어떤 이의 고백이지만 내겐 많은 이들의 집단 고백처럼
들린다. 특별히 이 고백이 마음에 와닿는다면 펜을 내려놓고 천천히
소리내어 읽어보길 권한다. 눈물겨웠던 내 삶의 어느 지점과 더 뜨겁고
반갑게 조우할지도 모른다.

'왜 나는…'

하다 그만두거나 계속 바꾼다는 건 흔히 생각하듯
게으르거나 끈기가 없어서만은 아니다.
고민을 계속하고 있다는 의미이기도 하다. 그 고민 속에는
'왜 나는 한 가지 일을 진득하게 오래 하지 못하는 걸까?'라는
생각도 함께 묻어 있다. 사람은 그런 존재다.
그런 자신에 대해 남보다 더 많이 자책하며 생각한다.
그러니 "나중에 후회하거나 힘들다고 하지는 마라" 같은
강요는 아이의 퇴로를 막고 철창에 가두는 것과 마찬가지다.

내가 선택했어도
열 번 백 번 무를 수 있고 바꿀 수 있다.
바꿔도 되는 공인 횟수가 따로 정해져 있지 않다.
사람마다 다르고 상황마다 다르다. 인정해 줘야 한다.
바꿔도 된다는 충분한 인정을 받은 사람이
가장 빠르고 안정적으로 자기의 최종 선택지에 닿는다.

_ 242, 244쪽

수영은 꼭 가르쳐야 한다

그는 아이들은 맘껏 뛰어놀며 자유롭게 커야 한다고 믿는다.
과외나 학원에 보내지도 않는다.
그런데 수영만은 꼭 가르쳐야 한다고 생각한다.
그래야 당당하게 살 수 있다고 믿어서다.
수영을 배우지 못했던 그는
대학 때 여자 친구와 바다에 갔다가 물에 빠진 여자 친구를 보고
발만 동동 굴렀던 기억이 있다.
숙제를 안 하고 시험을 망친 아이에게도 너그러운 그는
수영 강습을 빼먹으면 불같이 화를 낸다.
당당하게 살기 위해서 배우고 익혀야 할 것이
수영만은 아닐 것이다.
그럼에도 그는 수영에 관한 한 합리적인 사고가 작동하지 않는다.
아들에게 수영 강습을 강요할 게 아니라
수영을 배워야 할 사람은 정작 그 자신이다.
우리 마음속에도 그의 '수영' 같은 것들이 여러 형태로 존재한다.
여기서 '수영'이란 한때 걸려 넘어졌던
돌부리 같은 내 안의 콤플렉스다.

_ 238~239쪽

항상 긍정적인 마음

항상 긍정적인 마음으로 사는 건 좋은 일인가.

좋을 때도 있지만 아닐 때도 있다.

때론 위험하기도 하다.

긍정적 감정은

자기 합리화와 기만이 만들어내는 결과일 때도 있고

자기 성찰의 부재를 뜻하는 신호이기도 하다.

_ 227쪽

Nature morte au purro, I, 1904

           좋은 게 좋은 거, 아니다. 결과의 좋음보단 과정의 건강성이 더 중요하다. 입안에서 음식을 씹어 목으로 넘기듯 가끔은 감정을 곱씹어봐야 할 때가 있다.

알고 보면

한 사람이 제대로 살기 위해
반드시 있어야 할 스펙이 감정이다.
감정은 존재의 핵심이다.
한 사람의 가치관이나 성향, 취향 등은
그 존재가 누구인지 알려주는 중요한 구성 요소들이지만
그것들은 존재의 주변을 둘러싼 외곽 요소들에 불과하다.
핵심은 감정이다.
내 가치관이나 신념, 견해라는 것은
알고 보면 내 부모의 가치관이나
책에서 본 신념, 내 스승의 견해일 수도 있다.
하지만 내 감정은 오로지 '나'다.
그래서 감정이 소거된 존재는 나가 아니다.
희로애락이 차단된 삶이란
이미 나에게서 많이 멀어진 삶이다.

_ 65쪽

자신에 대한 성찰

자신에 대한 성찰을 건너뛰고
타인의 마음을 공감하는 일로 넘어갈 방법은 없다.
타인에 대한 공감이 자전거의 왼쪽 페달이라면
자기를 살펴보는 일은 동시에 돌아가는 오른쪽 페달이다.
한쪽이 돌아가지 않으면
그 즉시 자전거는 멈추고 넘어진다.
자기에 대한 성찰이 멈추는 순간
타인에 대한 공감도 바로 멈춘다.
그 반대도 마찬가지다.
자기 성찰의 부재는
공감을 방해하는 허들이 된다.

_ 239쪽

그래야 성숙한 사람?

내 마음을 말하는 걸
유치하게 여기는 사람이 적지 않다.
감정을 미성숙함의 표현이며 통제의 대상으로 바라본다.
감정 통제를 잘해야 어른이고,
그래야 성숙한 사람이라고 생각한다.
감정은 이성으로 얼마든지 통제 가능한 것이라고 믿는다.
마음에 관해 가장 널리 알려진 잘못되고 위험한 통념이다.
그런 인식 때문에 우리는 일상에서 너무 많은 대가를 치른다.

_ 225쪽

정말이지 마음에 관해 가장 널리 퍼진 잘못된 통념이다.

가족에겐 너그럽기가 더 어렵다

사랑하는 사람일수록
공감에 실패할 확률이 더 높아진다.
가까운 관계일수록, 관계가 깊어질수록
사람은 더 많이 오해하고 실망하며
서로 상처투성이가 된다.
서로가 서로에게 더 많이, 더 깊이 욕구하고 욕망해서다.
옆집 사는 이웃에게는 친절하고 배려심 있게 대해도
내 가족이나 배우자에게 그렇게 하기는 더 어렵다.
남에게는 특별한 기대나 개인적 욕망을 덜 투사해서다.
욕구와 기대만큼 좌절과 결핍은 더 커진다.

_ 236쪽

La conversation, 1909

"당신이 옳다. 이젠 그 말뜻을 이해할 수 있어요. 그런데 그럼에도 불구하고 우리 남편은 옳지 않아요."『당신이 옳다』북토크 현장에서 가장 많이 들었던 완독자들의 귀여운 통찰이다. 당연한 반응이다. 가까운 사람을 수용하고 받아들이는 일이 관계에선 최고 난도의 일이다. 누구나 그렇다.

훌륭한 말

외롭게 살아서 힘들었다고 느끼는 여자,
외로웠던 시절 자기 마음을 충분히 공감받지 못했다고 느껴서
부모가 되자 아이에게 "외롭게 살면 절대 안 돼"
"당당해야 해"라는 말을 입에 달고 산다.
공감받지 못하고 넘어간 상처는
상대방의 마음에 계몽과 충고의 형태로 날카롭게 꽂히기 쉽다.
옳은 말, 훌륭한 말이어도 일방적인 계몽과 교훈은
사람에게 도움을 주지 못한다.
사람은 옳은 말로 인해 도움을 받지 않는다.
아무리 옳아도 듣는 이에게 강박 관념으로 남거나
상처만 주고 튕겨 나가는 경우가 더 많다.
겉보기에만 좋은 말일 뿐이다.

_ 248쪽

욕설보다 옳은 말이 주는 상처가 더 깊고 넓고
심지어 위험하다는 걸 우리가 알기만 해도.

사람의 한 부분일 뿐

학력이나 지위, 자격증이나 재산 규모 등
외적 조건과 환경에 의해 규정되는 영역은
항상 그 사람의 한 부분이다.
사람은 그보다 더 크고 복잡한
여러 부분들로 이루어진 존재다.
몇 가지 조건에 의해
전체를 예측하고 가늠할 수 있는 존재가 아니다.
장갑 낀 손을 보고
그의 손과 손가락의 섬세한 형태를
알 수 없는 것과 같다.
손모아장갑이라면 더더욱 그렇다.

_ 262쪽

역할 놀이

역할에 충실한 관계란
'모름지기 아내란, 엄마란, 며느리란 이러이러해야 한다,
모름지기 아빠란, 아들이란, 사위란 이러이러해야 한다'는
집단 사고에 충실한 삶이다.
역할 놀이 중인 삶이다.
이런 삶, 이런 관계 속에서
상대가 누군지 나는 어떤 존재인지
알 수 없는 건 당연하다.
내 심리적 S라인이 드러나지 않는 삶이다.
사랑하는 사람과 살면서
한 번도 그의 속살을 본 적이 없는 삶이다.
평생을 살아도 그가 누구인지 모를 수밖에 없는 삶이다.

_ 257쪽

때와 장소에 따라

사회적, 직업적 소임은
때와 장소에 따라 갈아입어야 하는 옷처럼
한 존재의 삶에서 상황과 여건에 따라 달라진다.
내 몸 자체가 아니라 입었다 벗었다 해야 하는 옷인 것이다.
사장이든 노동자든
가장이나 장남, 장녀로서 힘겹게 살아가는 사람이든
자기 역할에 적합한 감정은
자기 몸이 아니라 옷에 불과하다.
상황과 여건에 따라 얼마든지 달라져야 한다.
달라질 수 있다.

_ 226쪽

내 손바닥 위 존재

속속들이 알고 있다고 의심치 않았던 내 배우자가
진짜 '그'인지 아닌지 분명하지 않을 때가 있다.
심지어 일곱 살 아이도 내 손바닥 위의 존재가 아니다.
내가 알고 있던 그가 실제 '그'와 거리가 멀다면
그건 왜일까.
서로가 마음이나 느낌을 주고받는
존재의 차원에서 만나는 관계가 아니라면
배우자나 절친 사이라도
실제로 나는 그를, 그는 나를
만난 적이 없는 관계일 수 있다

_ 257쪽

자기모순을 끌어안고

자기모순을 안고 씨름하며 그것을 깨닫는 과정에서
이해와 공감을 받는 경험을 한 사람이
갖게 되는 여유와 너그러움, 공감력은
그 자체로 스스로를 돕고 결국 자기를 구한다.

_ 249쪽

입체적인 이해

공감을 바탕으로 도달한 자기에 대한
입체적인 이해는 사람을 자유롭게 한다.
자기 존재가 온전히 받아들여지면서
자기의 느낌이 정돈되면
모든 게 자연스러워진다.

_ 165쪽

Jeune fille aux anemones sur fond violet, 1944

공감과 사랑은 같다. 존재가 온전히 받아들여지는 공감, 즉 사랑을 받으면 사람은 자기가 분명해져서 또렷하고 자연스럽고 강력해진다.

공감을 경험한 마음

날씨는 하루하루의 바람과 습도, 주변의 기압 등
주변 모든 상태와의 상호 작용을 거치며 계속 달라진다.
사람 마음도 그렇다.
한순간도 고정되지 않고 계속 움직이고 달라진다.
공감을 경험한 마음은
건강한 방향 쪽으로 더 넓어지고 깊어진다.
그렇게 사람은 '또다른 사람'이 되어간다.
그 힘으로 단단한 삶을 살아갈 수 있다.

_ 318∼319쪽

이제 자유야

아이는 자기를 따돌렸던 5총사 친구들이
엄마에게 혼이 난 이야기를 빨려들듯 듣더니
눈물이 그렁그렁해서는 이렇게 말했다.

"엄마, 고마워. 난 이제 자유야."

_ 310쪽

여러 번 확인했던 감동적인 아이의 말.
엄마 고마워. 난 이제 자유야.
그 아이는 고작 6살이었다.

그것으로 충분하다

사회적 트라우마 현장에는 다방면의 치유 전문가들이 몰려온다. 기(氣)치료로 트라우마를 치료하는 사람, 외국에서 뇌과학을 바탕으로 한 최신 치료법을 공부하고 와서 그 기법을 적용하고 싶어 하는 사람, 뇌인지 치료 전공자 등 분야도 방법도 다양하다. 그 전문가들과 얘기를 나눠보면 자기 전공 분야에 대해선 유창한데 정작 트라우마 피해자가 어떤 상태에 있는 사람인지에 대해선 아주 기초적인 지식만 알고 있는 경우가 많다. 자신의 전문성과 자격증에 대한 자부심이 피해자인 '너'에 대한 관심보다 클 때 그렇다. 젊은 시절에 나도 숱하게 겪었던 치명적 시행착오라 금방 이해가 됐다.

내가 상담지도를 해주는 후배가 어느 날 흥분한 상태로 전화를 했다. "선생님! 저 오늘 그 사람 말이 들렸어요." 후배는 수개월째 상담을 해오던 사람에게 그날 처음으로 온전히 집중했단 걸 깨달은 거다. 화자(내담자)가 후배의 말을 들었다면 기가 찰 일이지만 실

상 후배의 고백은 성숙한 치유자의 태도다. 젊은 내가 그랬던 것처럼 자신이 집중을 제대로 못 하고 있다는 자각도 없이 화자의 이야기를 듣고 있는 경우가 더 흔하다.

　후배는 엉클어진 자기만의 생각으로 꽉 찬 시간 속에 갇혀 있었다는 사실을 비로소 알게 된 것이다. 상담 전날 개인적으로 찜찜한 일이 있었으면 상담 중에도 그 생각이 떠올라 화자의 이야기를 놓치는 적이 많았고, 화자가 자신의 부모 이야기를 하면 후배 자신의 부모 모습이 겹쳐 떠오르면서 자기 과거로 혼자 날아가곤 했다. 화자의 이야기를 듣다가 '내가 이 말을 해도 될까 안 하는 게 나을까?' '지금 이런 감정이 드는 게 혹시 내게 문제가 있어서 그런 거 아닐까' 골몰하다가 개입의 타이밍을 놓치기도 했다. 눈은 화자를 보고 있어도 상담자인 자신에게 수시로 매몰되곤 했던 것이다.

　공감은 정확하고 날렵하게 존재의 핵심을 향해 내리꽂히는 집중인데 닭을 발견한 매가 하늘 위를 빙빙 돌다 제대로 한번 내

리꽂지도 못한 것이다. 아니면 닭을 향해 무서운 속도로 하강하다 맨 땅에 부리가 박혀 버둥대는 매의 꼴이거나. 그는 부끄러워했지만 그의 성찰은 얼마나 훌륭한가. 나도 그랬지만 자신에 대한 과몰입은 젊은 시절의 흔한 풍경이다.

얼마 전 아는 사람이 자기 친구의 상담을 부탁한다며 내게 말했다. 친구는 자타 공인 천재 과학자라고. 대학 때부터 우주 원리와 사회과학, 인문학 분야까지 안 읽은 책이 없고 논리로 똘똘 뭉친 사람이라고. 그러면서 현재 심각한 어려움을 겪고 있는 그가 '공감만으로 치유가 될까' 걱정스럽다고 조심스럽게 말했다. 나를 최고의 전문가로 인정하는 사람임에도 그랬다. 공감 전문가라니 공감에 갇혀 있는 사람일 거라 생각한 모양이다. 아니면 공감을 기법 차원으로 이해했거나.

나는 그를 안심시켰고 천재 과학자인 그의 친구와 상담 과정을 모두 마쳤다. 마지막에 그 과학자가 말했다. "공감을 바탕으로 치

유하는 분이라고 해서 걱정했는데 선생님은 생각보다 훨씬 논리적이
세요." 나는 그다지 논리적인 편이 아니지만 논리를 중심축으로 사람과
세상을 이해하는 그의 기질을 충분히 파악하고 존중했으므로 그의
논리에 올라타서 공감으로 가는 방식을 택한 것뿐이다. 논리적인 사람
도 공감을 원한다. 그렇게 보이지 않을 뿐, 간절하긴 마찬가지다.

　　　　공감은 '나'에게 매몰되지 않고 '너'의 존재에 오롯이 집중
할 수 있어야 가능하다. 공감은 단순한 기법이나 기능적 방법론이 아
니라 존재에 대한 집중 그 자체다. 공감은 논리적이든 감정적이든 가
리지 않는다. 각 존재들의 개별성 그 자체에 대한 집중이라서 그렇다.

　　　　'나'에게 머문 시선이 '너'에게 가닿을 때까진 생각보다 시
간이 많이 필요하다. 초조해할 필요 없다. 나는 안 되는 걸까 좌절할
필요도 없다. 내가 너에게 집중하지 못하고 있다는 사실을 수시로
알아차릴 수만 있다면 그것으로 충분하다. 그 다음엔 시간이 해결
해 준다.

나를 ─────────────────────────────
공감하는 시간

손으로 읽는
당신이 옳다

초판 1쇄 2025년 5월 20일

지은이 | 정혜신
영감자 | 이명수
펴낸이 | 송영석

주간 | 이혜진
편집장 | 박신애 **기획편집** | 최예은 · 이나연 · 조아혜
디자인 | 박윤정 · 유보람
마케팅 | 김유종 · 한승민
관리 | 송우석 · 전지연 · 채경민

펴낸곳 | (株)해냄출판사
등록번호 | 제10-229호
등록일자 | 1988년 5월 11일(설립일자 | 1983년 6월 24일)

04042 서울시 마포구 잔다리로 30 해냄빌딩 5 · 6층
대표전화 | 326-1600 **팩스** | 326-1624
홈페이지 | www.hainaim.com

ISBN 979-11-6714-115-6